Le Comte Florian de Kergorlay,

D'après un portrait fait par Melle sa fille.

PROCÈS

DE M. LE COMTE

DE KERGORLAY,

SUIVI DES

MOTIFS DE REFUS DE SERMENT

DE MM. LES PAIRS ET DÉPUTÉS

A LOUIS-PHILIPPE D'ORLÉANS.

PRIX : **2 fr. 50 c.**

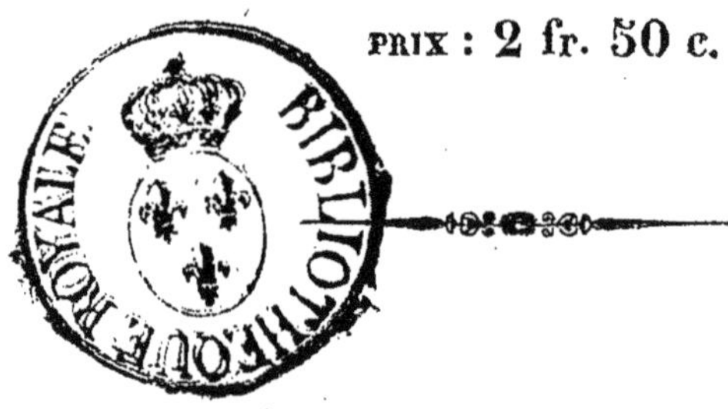

PARIS.

LIBRAIRIE D'ÉD. BRICON, RUE DU VIEUX-COLOMBIER,
Nº 19.

—

1830.

AVIS DE L'ÉDITEUR.

J'ai cru devoir ajouter au Procès de M. le comte de Kergorlay, les motifs du refus de serment des Pairs et Députés. De la sorte ce petit ouvrage se trouve beaucoup plus complet et d'un plus grand intérêt. J'aurai sans doute oublié quelques démissionnaires par refus de serment, cela tient à la précipitation que j'ai été forcé d'apporter dans ce travail. Je prie les personnes qui pourraient me donner quelqu'éclaircissement à cet égard, de m'en informer directement, afin que je puisse réparer les omissions, dans le cas où je ferais une deuxième édition.

PROCÈS

DE M. LE COMTE

DE KERGORLAY.

COUR DES PAIRS.

PRÉSIDENCE DE M. LE BARON PASQUIER.

Audience du 22 novembre.

A une heure MM. les pairs entrent en audience.

Les prévenus sont introduits, accompagnés de leurs défenseurs, MM. Berryer fils, Hennequin et Guillemin.

Les prévenus et leurs défenseurs se placent à la barre élevée dans le couloir, à la gauche de la tribune.

M. Persil, procureur-général, assisté de M. Berville, avocat-général, occupent un bureau disposé en avant du banc des ministres.

A une heure M. le président déclare l'audience ouverte.

M. le président. M. le comte de Kergorlay, quels sont vos nom, prénoms, âge, le lieu de votre naissance, celui de votre domicile?

M. le comte de Kergorlay (se levant). Louis-Florian-

Paul, comte de Kergorlay, pair de France, âgé de 61 ans, né à Paris, y demeurant, rue Saint-Dominique, n° 102.

M. le président. M. Brian ?

M. de Brian. François-Achille, baron de Brian, âgé de 40 ans, né à. . . . . . .

M. le président. M. Genoude ?

M. Genoude. Genoude, âgé de 38 ans, né à Montélimart.

M. le président. M. Lubis ?

M. Lubis. François Lubis, âgé de 30 ans, né à Bordeaux, demeurant à Paris, rue Saint-Jacques.

M. le président. Les défenseurs des prévenus sont-ils présens ?

MM. Berryer, Hennequin et Guillemin, se lèvent.

M. le président. Je dois leur rappeler qu'ils ne doivent rien dire contre leur conscience et le respect dû aux lois ; qu'ils doivent s'exprimer avec décence et modération. On va faire l'appel nominal.

M. le secrétaire archiviste procède à cet appel.

Cent quarante-huit de MM. les pairs répondent à l'appel.

M. le président. Je dois rappeler à la chambre que déjà elle a admis les excuses de plusieurs de MM. les pairs. J'ai maintenant à lui soumettre de nouvelles excuses qui m'ont été récemment adressées. M. le marquis de Castellane est malade à la campagne ; M. le comte d'Ambrugeac est atteint d'une violente attaque de goutte ; M. le comte d'Emery est gravement indisposé ; M. le vicomte Morel de Vindé est retenu par maladie ; M. le duc de Dalmatie se trouve retenu par des devoirs dont il ne peut être distrait. Son entrée au Ministère paraîtra sans doute à la cour une excuse suffisante. M. le comte Bastard est occupé d'un travail très-urgent et relatif à une affaire pendante devant la cour.

(La cour admet les excuses.)

M. le président. L'usage de la cour des pairs étant de statuer sur la compétence par une ordonnance séparée, avant de s'occuper du fond, elle va en conséquence se retirer pour en délibérer, dans la chambre du conseil.

Si M. le procureur-général a quelques observations à faire à cet égard, la cour est prête à l'entendre ;

M. *le procureur-général*. Je n'ai aucune observation à soumettre à la cour.

M. *le président*. Les prévenus ou leurs défenseurs croient-ils devoir prendre la parole sur ce point.

M. Berryer. M. le procureur-général a reconnu la compétence de la cour des pairs, puisqu'il l'a saisie de la connaissance du procès ; et c'est aussi cette compétence que nous réclamons.

(La cour se retire pour en délibérer.)

L'audience est reprise à deux heures et demie.

M. le président : « La cour des pairs,

» Vu l'ordonnance du Roi, en date du 9 de ce mois, portant convocation de la cour, à l'effet de procéder au jugement de MM. de Kergorlay, de Brian, Genoude et Lubis, comme prévenus d'avoir publié la lettre en date du 23 septembre, signée, *le comte de Kergorlay, pair de France*, insérée dans la *Quotidienne* du 25 septembre, et dans la *Gazette de France* du 27 du même mois ;

» Vu l'arrêt de la cour, en date du 15 de ce mois ;

» Le procureur général et les défenseurs entendus ;

» Après en avoir délibéré :

» Considérant que, si, par suite du défaut de prestation de serment dans le délai prescrit par la loi du 31 août dernier, le comte de Kergorlay se trouve aujourd'hui personnellement déchu du droit de siéger dans la chambre des pairs, la publication qui fait l'objet du procès est antérieure à l'expiration dudit délai ; que par conséquent, à l'époque de ladite publication, le comte de Kergorlay était investi de toutes les prérogatives attachées à la pairie :

» Considérant que c'est à l'époque où le délit a été commis qu'il faut se reporter pour apprécier la compétence ; et qu'à cette époque le comte de Kergorlay, en sa qualité de pair, avait incontestablement le droit de n'être jugé que par la cour des pairs,

» Se déclare compétente et ordonne qu'il sera passé outre au fond du jugement. »

M. le président. Comte de Kergorlay, vous reconnaissez-vous l'auteur de la lettre signée le comte *Florian de Kergorlay, pair de France*, insérée dans la *Quotidienne,* le samedi 25 septembre 1830 , et dans la *Gazette de France*, le 27 du même mois ?

M. le comte de Kergorlay. J'en suis l'auteur ; j'en ai corrigé les épreuves.

M. le président. Par conséquent, vous répondez à l'avance à cette dernière question : Est-ce vous qui avez donné l'ordre de publier cette lettre dans les journaux que je viens de citer ?

M. le comte de Kergorlay. Sans doute.

M. le président. Baron de Brian, par quel motif avez-vous inséré la lettre du comte de Kergorlay ?

M. de Brian. Cette lettre ayant été adressée à M. le président de la chambre des pairs par M. le comte de Kergorlay, pair de France, et étant signée par lui, je n'ai pas cru, en ma qualité d'éditeur d'un journal, devoir me refuser à cette insertion.

M. le président. M. Genoude ?

M. de Genoude. Par les mêmes motifs que vient de vous soumettre M. de Brian.

M. le président. M. Lubis ?

M. Lubis. Mon nom figura sur la *Gazette de France* comme *rédacteur en chef*, et non comme *gérant*. J'ai lu la lettre de M. le comte de Kergorlay avant sa publication ; mais ce n'est pas moi qui en ai ordonné l'insertion. Du reste, mon nom ne figure pas sur la feuille déposée chez M. le procureur du Roi. Je signe cependant la *Gazette de France* , et s'il y a une responsabilité et que la cour croie devoir me l'appliquer, je ne la refuse pas. J'ai dû faire cette observation à la cour.

M. de Genoude. M. Lubis ne remplit aucune des conditions qui constituent la responsabilité légale. Il n'a pas déposé un cautionnement ; il n'a pas fait de déclarations à M. le ministre de l'intérieur ; il n'a pas signé la feuille qui est déposée chez le procureur du Roi ; il n'a point de part à la propriété du journal. Si son nom se trouve au bas de la *Gazette de France*, c'est afin que les personnes qui veulent me parler puissent, en mon absence, trouver quelqu'un investi de ma confiance. Si la lettre de M. de Kergorlay est un délit, j'en suis le coupable ; s'il y a une peine, je dois la subir seul.

M. le président. **M.** le procureur-général a la parole.

M. Persil, *procureur-général.* Messieurs, une immense révolution s'est naguère réalisée sous nos yeux. Elle a, après des malheurs infinis, comblé les vœux de la grande majorité des Français; mais nous ne pouvons nous le dissimuler, elle a, en même temps, blessé certains intérêts, choqué quelques amours-propres et jeté l'alarme dans un petit nombre de consciences.

Les uns, lisant hardiment dans l'avenir le bonheur que le pays devait puiser dans le nouvel état de choses, s'y sont à regret, mais franchement, ralliés.

Les autres plus constans dans leurs affections, et uniquement entraînés par le souvenir du passé, se sont crus obligés d'y rester fidèles; mais sans ostentation, et sans marquer autrement leur improbation que par le silence : ceux-ci se rallieront plus tard.

Enfin les derniers, mus par je ne sais quel intérêt ou quelle passion, n'ont pas hésité à se montrer les ennemis déclarés de la révolution, et ce qu'ils n'avaient pas osé faire au jour du désastre de leur parti, les armes à la main, ils le font, après que le danger est passé, par leurs écrits et leurs publications journalières.

Paix à ceux qui conservent silencieusement leur affection, et qui ne font rien pour l'accréditer et la faire triompher : la tolérance est entrée, avec le nouveau Roi, dans les conseils.

Mais guerre à outrance, guerre à mort, à ceux qui ne profitent de la liberté et de la tolérance généralement accordées, que pour attaquer le nouveau Roi, pour propager les fausses doctrines et créer des partisans à un gouvernement heureusement abattu, que, sans être criminel et presque fou, on ne pourrait essayer de relever.

Parmi les partisans audacieux de l'ancienne dynastie et d'un autre ordre de choses, vous n'aurez pas vu sans douleur un ex-pair de France, qui pouvait plaindre et regretter, qui avait le droit de se condamner à la vie privée en se séparant silencieusement de vous, mais qui a préféré attaquer, avec éclat et par tous les organes de la publicité, ce que la France venait de faire, et la personne auguste qui, placée à sa tête, avait acquis des droits à la vénération de tous les Français.

Cet ancien pair de France, c'est M. le comte Florian de Kergorlay.

Le 25 septembre dernier, il avait écrit à M. le président de la chambre des pairs pour l'informer qu'il ne prêterait pas le serment exigé par la loi.

Sa lettre avait sans doute paru tellement inconvenante à ce noble magistrat, que, malgré la demande expresse de M. de Kergorlay de la faire insérer au procès-verbal de la séance de la chambre, il crut de son devoir de n'en pas parler publiquement à ses collègues.

Ce jugement, tout de bienveillance et d'intérêt pour M. de Kergorlay, aurait dû l'avertir, soit de l'inconvenance de sa lettre, soit du danger auquel elle l'exposait. Il ne fit que l'aigrir. La sage réserve, la prudence et la circonspection de M. le président lui parurent une violation de ses droits comme citoyen et comme pair. Il alla lui-même porter sa lettre au journal dit la *Quotidienne.*

Voici en quels termes elle fut rapportée dans le n° du 25 septembre :

« A M. le président de la chambre des pairs.

» M. le président,

» Quatre-vingt-sept pairs ont consenti, le 3o août der-
» nier, à déclarer personnellement déchus du droit de sié-
» ger dans la chambre dont ils sont membres, tous ceux
» qui n'auraient pas, dans le délai d'un mois, prêté ser-
» ment à un roi nouvellement élu et à une Charte nou-
» velle.

» *J'ignore en vertu de quel droit cette élection et cette Charte*
» *se sont faites.*

» Quant à moi, j'ai prêté avec sincérité un serment sé-
» rieux à mes Rois et à la Charte constitutionnelle que l'un
» d'eux donna à la France. En leur prêtant ce serment, j'ai
» toujours compris qu'il engageait ma fidélité, non-seule-
» ment à eux, mais à leurs légitimes successeurs et à
» la nation même, à la loi fondamentale qui règle dé-
» puis tant de siècles la succession à la couronne parmi nous.

» *En prêtant serment à mes Rois, j'ai cru le prêter à des*

» hommes *sujets comme moi à l'erreur, et je n'ai pas cru que*
» *les erreurs qu'ils pourraient commettre me dussent délier de*
» *mes sermens, ni envers eux, ni envers leurs légitimes succes-*
» *seurs,* je n'ai pas cru non plus qu'elles m'autorisassent à
» concourir *à un acte de violence* qui voudrait dépouiller mes
» concitoyens de la salutaire institution de l'hérédité du
» trône. J'ai toujours considéré cette institution comme la
» seule solide garantie de toutes nos libertés; et je refuse
» de concourir à sa destruction, parce que je suis toujours
» également convaincu que cette destruction ne peut que
» frayer parmi nous la route à toutes les tyrannies.

» La Charte que tous les pairs ont jurée porte en son ar-
» ticle 13, que « *la personne* du Roi est inviolable et sacrée,
» et que ses ministres sont responsables. » Ce principe fon-
» damental de la Charte ne permet pas que le Roi soit *per-*
» *sonnellement* pris à partie, pour les griefs auxquels son
» gouvernement aurait pu donner lieu. La responsabilité de
» ses ministres est la voie constitutionnelle ouverte pour ob-
» tenir le redressement de ces griefs.

» Une fiction constitutionnelle ne permet pas qu'on im-
» pute au Roi les fautes de son gouvernement, la réalité
» même des choses permet encore bien moins qu'on les
» impute au royal enfant mineur qui est étranger aux actes
» de son aïeul, et qui, par le seul fait de *la double abdica-*
» *tion de S. M. le roi Charles X et de son auguste fils, devint*
» *à cet instant même,* le 2 août dernier, *le roi à qui ma fidé-*
» *lité est engagée.*

» Les chambres, sans rien pouvoir alléguer contre le
» droit de Monseigneur le duc de Bordeaux, ont transféré,
» le 7 du même mois, sa couronne au premier de ses su-
» jets. *Je ne m'associerai point par un serment à un acte auquel*
» *je me serais cru coupable de concourir.*

» A défaut d'aucun droit, on *a allégué,* en faveur du roi
» qu'ont élu les chambres, que *lui seul pouvait sauver la*
» *France;* je pense au contraire qu'il était de tous les Français
» *le plus incapable de la sauver, parce que de tous les Français,*
» *il est celui à qui l'usurpation à laquelle on le convia, dut sem-*
» *bler la plus criminelle.*

» Un de ses ancêtres gouverna mal la France, mais fut
» du moins parent et régent fidèle, pendant la minorité d'un

»roi enfant, dont la vie seule le séparait du trône. Cet
» exemple méritait d'être préféré comme règle de conduite
» à des souvenirs moins distans.

»Quant à la Charte, j'ai, à son sujet, deux convictions
» constantes ; l'une, qu'un roi qui a juré une Charte n'a pas
» le droit de la violer ; l'autre, qu'alors même que des mo-
» difications à une Charte seraient utiles, des chambres qui
» ont juré cette Charte n'ont pas le droit de donner pour base
» à ces modifications l'expulsion de leur roi.

»*J'attendrai donc*, avant de prêter serment à une Charte
» modifiée, *que les modifications qu'y pourraient désirer les*
» *Français apparaissent à leurs vœux, sous l'autorité du roi*
» *légitime.* Élevé par sa noble mère dans le sentiment intime
» de ses devoirs envers son peuple, L'ENFANT ROYAL VI-
» VRA, POUR LE BONHEUR DE LA FRANCE, ET NOUS SERA UN JOUR
» RENDU.

»Il y a toutefois un des articles de la Charte nouvelle sur
» lequel aujourd'hui même je crois ne devoir pas garder le
» silence.

»Deux cent dix-neuf députés déclarèrent, le 7 août der-
» nier, le trône vacant, firent une nouvelle Charte, dont
» un article excluait de la chambre des pairs tous ceux qu'a-
» vait nommés Charles X, et offrirent la royauté au Lieute-
» nant-Général du royaume. Quatre-vingt-neuf pairs adhé-
» rèrent le même jour à la nouvelle Charte et à l'élection du
» nouveau roi, déclarant s'en rapporter à sa prudence sur
» l'expulsion de leurs collègues.

» *Les pairs exclus ont à la pairie le même droit que tous les*
» *autres.* J'ai été élevé à la pairie par Louis XVIII, *et je re-*
» *connais à ceux qui l'ont reçue de Charles X le même droit*
» *que le mien.*

»Mais leur exclusion porte, en particulier, relativement à
» l'accusation des ministres de Charles X, qui se prépare, le
» caractère le plus sinistre. *Les juges naturels des ministres*
» *sont, non pas quelques pairs, mais tous les pairs.* L'art. 62 de
» la Charte que tous les pairs ont jurée porte que « nul ne
» pourra être distrait de ses juges naturels. » L'art. 63 ajoute
« qu'il ne pourra, en conséquence, être créé de commis-
» sions et tribunaux extraordinaires. »

« J'ignore comment on pourrait soutenir que l'exclusion

» arbitrairement donnée, à un quart environ des membres
» du tribunal, ne le transformerait pas en commission
» ou tribunal extraordinaire, *et je sais de quel nom sont*
» *inévitablement flétries dans la postérité les condamnations à*
» *mort, lorsqu'elles sont portées par des tribunaux de cette*
» *espèce. Je ne m'associerai pas, par un serment, à un acte*
» *d'exclusion qui transforme la cour des pairs en commission ou*
» *tribunal extraordinaire, et qui stygmatise à l'avance les con-*
» *damnations à mort qu'elle pourrait porter, de la qualification*
» *d'assassinat judiciaire.*

» *La postérité étant d'autant plus sévère à décerner cette qua-*
» *lification, lorsque les juges ont à la condamnation des accusés*
» *un intérêt apparent.* Or, les pairs, qui ont adhéré, dans la
» séance du 7 août dernier, à la déclaration de vacance du
» trône, ne se prétendent déliés du serment qu'ils avaient
» prêté à S. M. Charles X et à la Charte constitutionnelle,
» que parce qu'ils imputent à cet infortuné prince d'avoir, par
» le conseil de ses ministres, violé cette Charte lui-même.
» *Ces mêmes pairs ont donc un intérêt apparent à trouver cou-*
» *pables* les ministres dont l'accusation se prépare, *et je ne*
» *m'associerai point par un serment à un système qui donne à*
» *des ministres, pour juges, des hommes qui se sont créé à*
» *eux-mêmes un intérêt apparent à les condamner.*

» Je viens d'exposer les motifs de mon refus de prêter le
» serment qui m'est demandé, j'ai cru devoir les déclarer à
» mes collègues. Je vous prie donc, M. le président,
» de vouloir bien donner à la chambre, dans la séance
» d'aujourd'hui, lecture de ma présente lettre, et je la
» prie elle-même ici d'en ordonner l'insertion en son pro-
» cès-verbal.

» Un membre de la chambre des pairs, déclaré déchu de
» son droit de siéger, parce qu'il demeure fidèle à son ser-
» ment, ne peut se croire valablement déchargé par-là, de
» son obligation de délibérer et de voter dans la chambre
» dont il est membre. Sa volonté ne se rend point complice
» de l'obstacle qui l'empêche de remplir ce devoir ; *il cède à*
» *l'abus de la force matérielle.*

Signé le comte FLORIAN DE KERGORLAY.

« *pair de France.* »

Paris, rue Saint-Dominique, n° 102, *le* 23 *septembre*
1830.

2

L'énergie, nous avons presque dit l'audace d'une pareille protestation, consterna les gens de bien; l'autorité elle-même en était comme étourdie, lorsque, prenant son silence, durant deux jours, pour l'aveu de sa faiblesse, à laquelle il suffisait sans doute de porter un dernier coup, M. de Kergorlay renouvela la publication de sa lettre dans le n° de la *Gazette de France*, du 27 septembre.

Malgré notre résolution de laisser à la presse la plus grande latitude et presque l'abus de la liberté, il ne nous fut pas possible de dévorer cet outrage. Tout était méconnu, insulté dans cette publication : principes anciens, principes nouveaux, droits du souverain déchu, droits de la nation, droits du souverain qu'elle s'était choisi. Il fallait renoncer à jouir des bienfaits de notre régénération politique, ou poursuivre judiciairement ceux qui en attaquaient ainsi le principe. C'est le parti que nous prîmes.

Le jour même où la *Gazette de France* publiait cette lettre, *le 27 septembre*, M. le procureur du Roi requit d'un juge d'instruction qu'il fut informé contre les gérans responsables de la *Quotidienne* et de la *Gazette de France*.

M. de Brian pour la *Quotidienne* et MM. Genoude et Lubis pour la *Gazette de France*, se rendirent auprès de ce magistrat. Ils lui déclarèrent que c'était M. de Kergorlay lui-même qui leur avait apporté sa lettre, et qui en avait demandé l'insertion dans leurs journaux. Ils ajoutèrent, ou pour être plus exact, M. de Brian, gérant de la *Quotidienne*, ajouta seul :

« Que si cette lettre était incriminée, il entendait suivre » le sort du principal inculpé qui était l'auteur de la lettre, » et par conséquent être jugé par la chambre des pairs, qui, » à son avis, était seule compétente pour juger M. de Ker- » gorlay. »

Le juge d'instruction fit comparaître devant lui M. de Kergorlay, d'abord comme témoin, et ensuite comme prévenu. Il répondit :

« Qu'il regardait les rédacteurs de la *Quotidienne* et de

» la *Gazette* comme devant être entièrement étrangers à
» la publication de sa lettre.

» Que c'était lui-même qui en avait porté copie aux
» bureaux des deux journaux et corrigé les épreuves.

» Je vous déclare, continua-t-il, que j'ai écrit cette
» lettre en *ma qualité de pair de France*, et que je n'ai pas
» entendu donner ma démission.

» Puisque je suis interrogé, je dois vous dire que je
» décline votre compétence, et que je m'abstiens de ré-
» pondre.

» La loi (du 31 août 1830) porte : qu'à défaut de ser-
» ment, les pairs sont personnellement déchus du droit
» de siéger. Je ne saurais considérer cette déchéance
» comme une déchéance de juridiction : *d'ailleurs le délit*
» *qui m'est imputé porte une date antérieure à l'expiration du*
» *délai.* »

M. le juge d'instruction fit son rapport, et la chambre
du conseil du tribunal de première instance du département de la Seine, par ordonnance du 29 octobre dernier,
se déclara compétente, et mit M. le comte de Kergorlay
en prévention du délit *d'excitation au mépris et à la haine*
du gouvernement du Roi.

Le procureur-général à la cour royale de Paris, soumit
la plainte et l'ordonnance de la chambre du conseil à la
chambre d'accusation : comme sur la question de compétence il ne partageait pas l'opinion de la chambre du conseil, il provoqua, ainsi que la loi l'y autorisait, la réunion
de la chambre des appels de police correctionnelle, à la
chambre d'accusation.

Les deux chambres assemblées, le procureur-général
déposa un réquisitoire, à la suite duquel fut rendu l'arrêt
suivant :

« La cour, après en avoir délibéré,

» Vu l'article 29 de la Charte constitutionnelle, qui dis-
» pose qu'aucun pair ne peut être arrêté que de l'autorité
» de la chambre (des pairs), et jugé que par elle en ma-
» tière criminelle ;

» Vu la loi du 31 août 1830, qui fixe à un mois le délai
» pour la prestation de serment, par les membres de la
» chambre des pairs;

» Attendu que ce délai n'était point expiré les 25 et 27
» septembre, lors de la publication de la lettre dont il
» s'agit et du commencement des poursuites à raison de
» ladite publication ;

» Attendu qu'à cette époque le comte de Kergorlay était
» membre de la chambre des pairs, et n'était soumis qu'à
» la juridiction de ladite chambre en matière criminelle ;
» que la déchéance par lui encourue postérieurement par
» la non prestation de serment, n'a pu lui enlever le droit
» qui lui était acquis d'être jugé par ladite chambre et le
» soumettre à une juridiction incompétente à l'époque du
» délit à lui imputé ;

» Attendu que les complices d'un délit doivent néces-
» sairement, quant à la juridiction, suivre le sort de l'ac-
» cusé principal,

» Déclare nulle et incompétemment rendue l'ordonnance
» de la chambre du conseil du 29 octobre dernier, se dé-
» clare incompétente pour statuer sur les délits imputés au
» comte Kergorlay, de Brian, Genoude et Lubis ; ordonne
que les pièces seront, par le procureur-général, trans-
mises à qui de droit,

» Ordonne que le présent arrêt sera exécuté à la dili-
» gence du procureur-général. »

Vous savez, Messieurs, ce qui s'est passé depuis. Le
procureur-général a transmis les pièces de cette procé-
dure à M. le garde-des-sceaux, et, sur le vu de l'arrêt de
la cour royale de Paris, S. M. a rendu une ordonnance
qui convoque la chambre des pairs en cour de justice,
pour juger les délits imputés à M. de Kergorlay et aux
gérans des deux journaux.

Nous les avons fait citer à comparaître cejourd'hui devant vous, ainsi que votre arrêt nous y autorise, et puisque vous venez de nous reconnaître compétens, nous
n'avons plus qu'à vous faire connaître les délits que nous
leur imputons.

La lettre de M. de Kergorlay peut-être considérée sous
deux points de vue différens. Sous le rapport des principes politiques qu'il professe et que je n'examinerais pas
s'ils ne constituaient des délits, et relativement à l'intention qu'il annonce, d'attaquer le gouvernement du Roi

des Français, en regardant encore comme existant un gouvernement dont il faudrait pouvoir perdre jusqu'au souvenir.

Dès son début, M. de Kergorlay déclare qu'il *ignore en vertu de quel droit on a élu un Roi et fait une Charte.*

S'il avait lu le préambule de cette Charte, il aurait appris que le Roi avait été élu et la Charte faite *en vertu de la nécessité qui résultait des événemens de juillet, et de la situation générale où la France s'était trouvée placée à la suite de la violation de la Charte de* 1814.

Il y aurait vu que la souveraineté du peuple, érigée en principe, avait autorisé à déclarer vacant un trône qui n'avait su ni se soutenir ni se défendre, et que nul en France, au jour du danger, n'était venu appuyer.

Il y aurait appris que par suite de cette souveraineté populaire, la France était rentrée dans le droit naturel de se choisir un chef, et de lui dicter les conditions sous lesquelles elle consentait à le placer à sa tête.

Voilà le droit en vertu duquel le Roi a été élu et la Charte rectifiée : droit imprescriptible, sous l'empire duquel toutes les nations se sont formées, et qu'elles ne peuvent pas perdre en vieillissant et à mesure qu'elles font des progrès dans la civilisation.

Nous n'ignorons pas que pour des hommes qui ont vieilli dans les préjugés de la féodalité et du droit divin, la souveraineté du peuple a quelque chose de risible et de terrible à la fois. On se la rappelle sous les haillons de la misère ou transportée dans les comités de salut public, où elle disposait de la vie des plus honorables citoyens.

Mais c'était alors l'abus du droit et non le droit dans sa pureté, tel que notre Charte le consacre. Chaque citoyen, de quelque situation qu'il soit, a des droits sans doute, mais tous ne les exercent pas. Il y a des conditions de capacité, de condition, de fortune qui, laissant le droit à tous, n'en permettent l'usage qu'à certains.

Ce sont ceux-là, ce sont les élus de la France, qui, dans cette occasion, en ont sagement fait usage. Vainement on dira que tel n'était pas leur mandat, et que, nommés sur la provocation de Charles X, ils n'avaient pas mission pour disposer de sa couronne; nous répondrons, et la France entière ne nous désavouera pas, que le mandat des députés n'a pas de limite; que, nommés dans l'intérêt du peuple, ils ont tous ses droits, ils peuvent tout ce que *la nécessité des temps et des circonstances* prescrivent, et que leurs actes sont obligatoires dès qu'ils sont approuvés par le vœu national.

Or, l'approbation et la ratification ne leur ont pas manqué. Non-seulement une voix improbative ne s'est pas élevée, mais vous avez vu la France entière, chaque village, chaque hameau, et, pour ainsi dire, chaque feu rendre par ses adresses des actions de grâce aux chambres à l'occasion de leur noble conduite et briguer l'honneur d'envoyer au nouveau souverain des députés qui déposassent dans ses mains le témoignage de leur adhésion complète à son élection, comme aux conditions sous lesquelles il avait consenti à se mettre à la tête des Français.

Voilà la véritable légitimité, celle que les rois doivent ambitionner; elle ne procède pas d'une communication mystérieuse avec la divinité que, dans des temps d'ignorance, il a fallu supposer pour imposer aux peuples : le mensonge et la superstition ne réussiraient plus. C'est de la vérité qu'il faut de nos jours, et la vérité n'a pas manqué à l'élection du Roi des Français.

Que si M. de Kergorlay ajoute qu'un acte de violence (c'est ainsi qu'il qualifie notre conduite dans les immortelles journées) ne peut le délier de ses sermens ni envers Charles X, ni envers ses successeurs, il commet une erreur et fait une mauvaise action qui ne conduirait rien moins qu'à la guerre civile.

On l'a dit depuis long-temps : les peuples ne sont pas faits pour les Rois : c'est le contraire; quand un roi manque à ses engagemens, quand il déchire le contrat, ou exprès ou tacite, fait avec son peuple, celui-ci rentre dans tous ses droits par la résiliation du pacte. Si le peuple le laisse tomber ou s'il dispose de la couronne, ce n'est pas là de la violence, c'est tout simplement de la justice.

L'élévation à laquelle notre vénération place les lois nous empêche souvent de reconnaître leurs véritables obli-

gations; et nous paraîtrions peut-être le ravaler et manquer nous-même de dignité en comparant le contrat qu'ils
forment en montant sur le trône, avec ceux que font jour-
nellement les particuliers pour le plus mince intérêt. Cependant ce n'est pas autre chose; les chartes, les constitutions sont des actes réciproques qui lient aussi bien le
souverain que les peuples, et qui renferment une clause
résolutoire tacite, en cas d'infraction.

On nous demandera sans doute à qui appartiendra le droit
de constater la violation et de juger du moment où commen-
cera pour le peuple le droit de faire descendre le souverain
de son trône.

A la raison publique, à ce tribunal auguste que l'on sent
et qu'on trouve partout; à cette autorité infaillible à laquelle il n'est pas permis de résister parce qu'elle est le résultat de la conscience et pour ainsi dire de l'organisation
humaine.

Nous en avons, dans ces derniers temps, éprouvé tout
l'empire, et Charles X et son fils lui-même, n'ont pas eu
la puissance de s'y soustraire, puisque vous les avez vus,
entraînés par cette opinion générale qui les repoussait,
consentir eux-mêmes à une expulsion personnelle à laquelle ni l'un ni l'autre ne songeaient pas cinq jours aupa-
ravant.

Quant au jeune enfant, auquel M. de Kergorlay croit sa
fidélité engagée, nous combattrions ses droits, si sérieusement on pouvait lui en supposer.

Lorsque le premier roi de la troisième race monta sur le
trône, ses enfans n'avaient encore aucuns droits à la couronne de France; ce fut en la prenant du consentement tacite du peuple au préjudice de celui qu'on appelait aussi
l'héritier légitime, qu'il leur en acquit, non de perpétuels
et d'irrévocables, mais de subordonnés à sa conduite, *de
résolubles* par l'infraction des engagemens qu'il avait taci-
tement contractés. Si de son vivant Hugues Capet eût été
expulsé, comme Charles X, croirait-on que la fidélité du
peuple eût été engagée envers ses descendans.

Certainement non : les droits éventuels de l'héritier pré-
somptif de la Couronne se seraient évanouis comme ils
s'étaient formés. Le père les avait acquis par son courage

et son habileté , il pouvait les perdre par son imprudence et sa mauvaise foi.

C'est ce qui est arrivé au roi Charles X. La nation par ses représentans a proscrit sa race et délié les Français de tout engagement envers elle. Elle a fait plus, par des adresses et des délégués spéciaux envoyés auprès du nouveau souverain , elle a approuvé la translation de la couronne et la délégation qui lui en avait été faite. Que vient-on nous parler ensuite d'un prétendant auquel la fidélité des sujets serait engagée ?

Non, et c'est un véritable crime de le prétendre , c'est surtout la faute d'un mauvais citoyen de le publier ? C'était bon dans le temps où les rois osaient prétendre qu'ils ne relevaient que *de Dieu et de leur épée*, de regarder les peuples comme le patrimoine de leur famille. La civilisation a rendu leurs droits aux nations; si elles savent tout ce qu'elles doivent de vénération et d'obéissance aux rois qui se dévouent pour elles, elles n'ignorent pas que, dans des cas bien rares et lorsque, par le malheur de leur position elles sont poussées à bout, elles ont en elles de quoi reconquérir leur indépendance. Ce n'est pas, comme le dit M. de Kergorlay, abuser de la force matérielle, c'est encore moins convier un grand citoyen à une sorte d'usurpation, c'est tout simplement user de son droit, c'est faire justice à la dynastie qui finit et à celle qui commence. C'est, en faisant cesser les malheurs présens, fonder le bonheur de l'avenir.

Et je vous le demande , Messieurs , à quoi servent aujourd'hui , à quoi pouvaient servir à la fin de septembre dernier toutes ces assertions que publiait M. de Kergorlay.

S'il y croyait, qu'il les renfermât dans sa conscience ,qu'il en fît la règle de sa conduite , nous ne serions pas allé les y chercher.

Mais les publier dans les journaux! Mais s'en faire un moyen pour attaquer le gouvernement existant, qu'il essaye ainsi de saper dans sa base ! Mais s'en servir pour établir de prétendus droits de Henri V, qui vivra, dit-il, pour *le bonheur de la France!* Mais, par une de ces prophéties que la passion seule peut créer et soutenir, annoncer que cet enfant royal *nous sera un jour rendu ! !* C'est le comble de la hardiesse;

c'est ne reculer, ni devant les faux principes, ni devant leurs désastreuses conséquences. C'est, de gaîté de cœur, affronter le gouvernement existant, élever trône contre trône, et porter la guerre civile au sein de son pays.

Que dirait M. de Kergorlay si ses principes, pris à la lettre, avaient mis les armes à la main dans un de nos départemens ; que là, arborant le drapeau qu'on ne peut plus dire sans tache depuis les journées de juillet, on eût défié la France régénérée et appelé au combat ses enfans ; que l'étranger, qui est resté tranquille spectateur de nos miraculeux triomphes, se fût permis de souiller le territoire, où nos malheurs se seraient-ils arrêtés ?

Détournons, Messieurs, nos pensées de cette supposition ; elle est trop déchirante ; mais jugeons, nous en avons le droit, la gravité du crime reproché à M. de Kergolay, par l'impression qu'elle nous aura laissée.

Ce crime est qualifié, par l'article 4 de la loi du 17 mai 1819, *d'attaque à l'autorité constitutionnelle du Roi.*

L'attaque est ici flagrante. Non-seulement M. de Kergorlay conteste cette autorité, mais il en met une autre à la place ; il reconnaît celle de cet enfant royal, auquel il croit sa fidélité engagée, et qu'il annonce à la France entière *devoir lui être un jour rendu.*

« L'enfant royal vivra, dit-il, pour le bonheur de la France, et *nous sera un jour rendu.* »

Si l'on pouvait impunément donner de pareilles assurances, il n'y aurait plus de gouvernement en France. Le roi des Français ne serait plus au Palais-Royal, et nous n'aurions qu'un roi de France remis aux mains de l'étranger.

Notre orgueil national se révolte d'une semblable supposition.

La loi fondamentale, notre Charte, exclut à toujours du trône de France Charles X et tous les membres de la branche aînée de la maison de Bourbon.

Cette même loi y appelle, sous le titre de *Roi des Français,* M. le duc d'Orléans et ses descendans à perpétuité.

Imprimer et dire publiquement qu'un autre que lui, qu'un Bourbon de la branche aînée conserve des droits à la couronne, *qu'il vivra pour le bonheur de la France, et qu'il*

ui sera un jour rendu, c'est attenter au gouvernement légalement existant, dans le sens de l'art. 4 de la loi du 17
mai 1819 ; c'est exciter à la haine et au mépris de ce même
gouvernement ; c'est provoquer à la désobéissance aux lois
qu'il est le plus essentiel de maintenir, puisque leur violation entraîne des secousses et des révolutions ; c'est pour
tout dire, en un mot, exciter à la violation de la Charte.

Pour motiver sa criminelle doctrine, M. de Kergorlay
parle *des sermens* qu'il a faits avec sincérité ; *de la légitimité*
de la race de Charles X, *de l'inviolabilité* du monarque.

Des sermens ! qui ne sait qu'ils supposent des engagemens réciproques et qu'ils n'obligent celui qui les fait,
qu'autant que celui qui les reçoit reste dans la ligne de ses
devoirs. L'infraction d'un côté, rompt l'engagement de
l'autre.

La légitimité de la race de Charles X !

Elle a péri dans les combats de juillet. Le roi Charles
l'a renvoyée à son peuple, avec les boulets qui sont encore
empreints sur les murs de la capitale.

Désormais une barrière insurmontable s'élève. Il y a
entre la race de Charles X et le peuple de France tout le
hideux d'une guerre civile.

L'inviolabilité du monarque !

Distinguons : la Charte assure l'inviolabilité de *la personne* et non l'inviolabilité *du droit* qu'il eut été absurde de
mettre au-dessus de tout événement.

L'inviolabilité de la personne de Charles X a été res-
pectée jusques à la superstition, et c'est même le plus beau
titre de gloire de la France, puisque en conduisant son
roi déchu jusqu'à la frontière, avec tous les égards dus à
son ancien caractère, elle a prouvé qu'elle n'agissait pas
avec passion, mais avec cette sagesse, ce discernement,
cette modération qui distinguent l'exercice d'un droit.

Que M. de Kergorlay renonce donc à expliquer, à justifier ses doctrines. Elles sont attentatoires à la souveraineté
de la nation et à l'exercice qu'elle en a fait ; elles constituent un crime et plusieurs délits d'autant plus répréhen-
sibles qu'ils ne tendent à rien moins qu'à nous faire armer
les uns contre les autres ; à nous donner deux rois, deux

Chartes, et pour comble de malheur, à appeler chez nous l'étranger pour soutenir l'un ou l'autre.

Messieurs, à côté de ces délits résultant de la lettre de M. de Kergorlay viendraient s'en placer deux autres, fort graves sans doute, mais que, par des considérations particulières, nous ne ferons qu'indiquer.

Le premier résulte de ce passage :

« A défaut d'aucun droit, on a allégué en faveur du Roi
» qu'ont élu les chambres, que lui seul pouvait sauver la
» France. Je pense au contraire qu'il était de tous les Fran-
» çais *le plus incapable de la sauver, parce que de tous les*
» *Français il est celui à qui l'usurpation à laquelle on le con-*
» *via dut sembler la plus criminelle.* »

C'est une offense à la personne du Roi, d'autant plus gratuite que le fait auquel M. de Kergorlay veut répondre est de notoriété publique. En effet, personne n'ignore que si ce prince n'eût pas voulu prendre les rênes de l'État, les prendre ce jour-là, la France tombait dans une anarchie dont elle serait sortie sans doute, mais après beaucoup de tems et de malheurs.

Dans cette situation, *la nécessité* se réunissait au droit pour autoriser à conférer la couronne. La nécessité est aussi une sorte de légitimité qui repousse l'idée de toute usurpation.

Ainsi, ce dernier passage de la lettre de M. de Kergorlay constitue bien une offense envers S. M.; mais elle est trop au dessous d'elle pour qu'elle veuille la relever. D'ailleurs le Roi des Français, et c'est héréditaire dans sa famille, ne se souvient pas des injures faites au duc d'Orléans.

Le dernier délit que nous avons à signaler vous est personnel, Messieurs; il résulte de cette partie de la lettre, où M. de Kergorlay dit, que vous êtes transformés en une véritable commission, que stygmatise à l'avance les condamnations que vous pourriez prononcer, de la qualification d'*assassinat judiciaire.*

Il est possible que votre excessive délicatesse vous porte à mépriser une semblable injure; mais il ne faudrait pas que la crainte d'y paraître céder, arrêtât l'expression de toute votre justice.

M. de Kergorlay est coupable des plus grands délits.

Il a attaqué ce que depuis plus de trois mois nous nous plaisons à admirer; notre belle, notre héroïque révolution.

Il en a blâmé tous les effets.

Il a condamné celui qui les renferme tous; celui qui, fermant l'abîme de nos dissensions, nous a donné une Charte et un roi : une Charte qui détermine les droits du peuple et les obligations du Roi; un Roi qui, sachant par l'exemple ce qu'il en coûte pour avoir violé ses sermens, est d'ailleurs trop honnête homme, pour en avoir jamais la pensée.

Au blâme de tout ce qu'ont produit les belles journées, M. de Kergorlay a ajouté des délits bien caractérisés.

Il s'est prétendu lié à un autre souverain que celui que la France reconnaît.

Il l'a montré vivant *pour le bonheur de la France, et toujours prêt à y rentrer.*

En peu de mots : offenses envers le Roi et les chambres; attaque à leur autorité constitutionnelle ; provocation à la désobéissance aux lois.

Tels sont les délits nombreux que nous vous dénonçons et pour lesquels nous venons vous demander justice sévère, justice éclatante, qui effraye les insensés et arrête les crédules.

Il faut que les uns et les autres sachent qu'il y a en France un Roi, un Gouvernement et des lois, et qu'on ne peut attaquer ou offenser les uns, ni provoquer à la désobéissance des autres, sans recevoir immédiatement le châtiment auquel on s'est exposé.

Nous n'avons plus qu'un mot à dire des gérans responsables des deux journaux, cités devant vous conjointement avec M. de Kergorlay.

Ils sont les véritables auteurs de la publication ; sans eux, sans leur consentement, les délits dont nous nous plaignons n'eussent pas été commis.

La loi est formelle.

Ils doivent donc être condamnés conjointement avec M. de Kergorlay.

Dans ces circonstances et par ces considérations, nous requérons, au nom du Roi, qu'il plaise à la cour :

Vu la lettre signée, *comte Florian de Kergorlay, pair de France*, insérée dans le numéro du journal dit *la Quotidienne*, du 25 septembre 1830, et dans celui de la *Gazette de France*, du 27 du même mois ;

Vu le réquisitoire de M. le procureur du Roi près le tribunal civil du département de la Seine, portant que, *par la publication de cette lettre, M. de Kergorlay, de Brian, gérant de la Quotidienne, Genoude et Lubis, de la Gazette de France, se sont rendus coupables du délit d'excitation au mépris et à la haine du gouvernement du Roi des Français.*

Vu l'arrêt de la cour royale de Paris du cinq de ce moi de novembre, portant que les tribunaux ordinaires sont incompétens et qui renvoient la cause devant qui de droit ;

Vu l'article 29 de la Charte constitutionnelle, qui dispose qu'aucun pair ne peut être arrêté que de l'autorité de la chambre et jugé que par elle en matière criminelle ;

Vu l'ordonnance royale du neuf du présent mois, qui convoque la cour des pairs ;

Attendu qu'à la date de la publication de sa lettre, comme à celle où ont commencé les poursuites judiciaires, M. de Kergorlay était pair de France, et que ce n'est que depuis cette époque qu'il a cessé de faire partie de la chambre,

Nous requérons qu'il plaise à la cour se déclarer compétente, en conséquence faisant droit sur nos plaintes et réquisitions.

Vu les art. 1, 2, 4 et 6 de la loi du 17 mai 1819, 4 de la loi du 25 mai 1822 ;

En ce qui touche M. Florian de Kergorlay, ancien pair de France,

Attendu que par sa lettre ci-dessus datée, il s'est rendu coupable d'attaques à l'autorité constitutionnelle du Roi, d'excitation au mépris et à la haine de son gouvernement, ainsi que de provocation à la désobéissance aux lois,

Le condamner conformément aux articles 2 et 4 de la

loi du 17 mai 1819, en deux années d'emprisonnement et 10,000 francs d'amende.

En ce qui touche les sieurs deBrian, gérant de la *Quotidienne*, et Genoude, gérant de la *Gazette de France*.

Vu les articles ci-dessus cités des lois des 17 mai 1819 et 25 mars 1822 ;

Vu l'art. 8 de la loi du 18 juillet 1828, portant que les signataires de chaque feuille (périodique) seront responsables de son contenu et passibles de toutes les peines portées par la loi, à raison de la publication des articles ou passages incriminés, sans préjudice de la poursuite contre l'auteur desdits articles eomme complice ;

Vu également l'art. 14 de la même loi du 18 juillet 1828, portant que les amendes qui auront été encourues pour délit de publication par la voie d'un journal ne seront jamais moindres du double du minimum fixé par les lois relatives à la répression des délits de la presse ;

Condamner les sieurs de Brian, de Genoude, chacun en une année d'emprisonnement et en une amende, savoir le sieur de Brian de six mille francs, et les sieurs Genoude et Lubis ensemble de pareille somme de six mille francs.

Les condamner tous aux frais du procès.

M. de Kergorlay se lève ; un profond silence s'établit.

M. de Kergorlay. Messieurs, lorsqu'il plut à S. M. Louis XVIII de m'élever à la pairie, je n'avais ni sollicité ni désiré cette dignité. Je préférais les fonctions de député auxquelles, depuis la seconde restauration, les suffrages de mes concitoyens m'avaient trois fois porté. Au cas qu'ils n'eussent pas cessé de me les accorder, je croyais apercevoir des chances plus favorables pour me rendre utile à mon Roi et à mon pays dans la chambre élective que dans la chambre héréditaire. La volonté de Louis XVIII en décida autrement, et je m'y soumis. J'eus lieu d'en sentir une reconnaissance d'autant plus profonde, que je n'avais jamais courtisé sa faveur, ni celle de ses ministres ; son âme généreuse désira donner une haute marque de sa bonté à un homme qu'il savait bien intentionné, et qui avait eu plus d'une fois, par la liberté de ses opinions, le malheur de lui déplaire.

Trois fois dans la chambre des députés, et la quatrième

dans celle des pairs, je prêtai le même serment, « d'être
» fidèle au Roi, et d'obéir à la Charte constitutionnelle et
» aux lois du royaume. » Ce serment, Messieurs, vous l'a-
vez tous prêté comme moi, et tous nous avions compris
qu'il engageait notre fidélité, non seulement au Roi à qui
nous les prêtions, mais aussi à ses successeurs légitimes.
Je crus, en prêtant ce serment parmi mes collégues,
prendre envers mon Roi, mon pays et eux-mêmes, l'engagement solennel d'y demeurer fidèle. Je crus que mes
collègues avaient pris le même engagement envers le Roi,
envers la France, envers moi.

D'où vient donc que je comparais aujourd'hui, comme
accusé, devant une partie de ces mêmes collègues. D'où
vient que je les vois siéger devant moi comme mes juges?
J'ai le droit de le demander, j'ai le droit de le chercher.

Ce serment que nous prêtâmes tous, on ne m'accuse pas
de lui avoir été infidèle.

C'est au contraire à cause des conséquences nécessaires
de cette fidélité même, que j'ai été cité à comparaître ici
pour me justifier.

Une révolution s'est opérée, dans le tumulte de laquelle
fut créé soudain un lieutenant-général du royaume. Le Roi
donna la ratification de son autorité à cette nomination ir-
régulière, abdiqua, ainsi que son fils, en faveur de Mgr. le
duc de Bordeaux, et, se fiant au premier sujet du nouveau
Roi, le chargea de le faire proclamer.

Deux cent dix-neuf députés préférèrent, le 7 août dernier, déclarer le trône vacant, faire une nouvelle Charte,
dont un article excluait de la chambre des pairs tous ceux
qu'avait nommés Charles X, et offrir la royauté au lieutenant-général du royaume. Quatre-vingt-neuf pairs adhé-
rèrent le même jour à la nouvelle Charte et à la nouvelle
royauté, déclarant ne pouvoir délibérer sur l'exclusion de
leurs collègues, et s'en rapporter à la prudence du nouveau
Roi.

Pour de telles énormités, sur quel droit peut-on prétendre s'appuyer? La souveraineté du peuple est le principe que nous avons entendu invoquer. Mais ce peuple,
que fit-on pour le convoquer, pour le consulter? Qui nous
a transmis sa voix? qui a pu nous la faire entendre? Paris,

après les sanglantes victoires de juillet, n'a présenté d'autre aspect que celui de la consternation.

Le nouveau gouvernement a osé revendiquer l'assentiment des provinces. La révolution faite à Paris pour elles et sans elles, elles l'ont apprise quand elle était déjà consommée, elles l'ont reçue dans un morne silence. Et quelle voix plus énergique leur restait-il donc pour exprimer leur réprobation? Le silence est la voix des opprimés et non la sanction de la violence.

Nul moyen de procurer une émission de vœux libres sur la révolution de 1830 n'a été offert à la nation. Bonaparte, pour se ressaisir du pouvoir après sa première abdication, n'imposa pas aux intelligences une soumission si passive, et tâcha de rendre moins palpables les illusions. Des registres furent ouverts, pendant les Cent-Jours, dans toute la France, et tous les citoyens furent admis par le nouveau maître à voter sur son *Acte additionnel aux constitutions de l'Empire.*

Un des articles de cet acte prétendait interdire à tous les Français l'exercice de leur droit de demander le rétablissement de la dynastie des Bourbons sur le trône. Les cœurs fidèles s'indignèrent, et beaucoup de citoyens par la publication des motifs de leurs votes négatifs, trouvèrent quelque consolation à protester contre cet attentat porté à la plus chère de nos libertés publiques.

Ces publications circulèrent librement; Bonaparte, qui voulait colorer de quelque apparence de liberté son usurpation nouvelle, se garda bien, les ayant provoquées en invitant chacun à voter, de les faire poursuivre.

Le Roi citoyen n'a pas voulu tant de liberté; il n'a pas consulté la nation sur son élévation au trône ; ayant arraché aux fonctions qu'ils s'étaient engagés à remplir tous les hommes fidèles à leur serment, leur ayant ainsi imposé la nécessité de dire à leurs concitoyens pourquoi ils cessaient de s'acquitter des fonctions qui leur avaient été confiées, il ne s'est pas abstenu de faire poursuivre les publications des motifs des refus de serment.

Les révolutions sont d'ordinaire le triomphe accidentel d'une minorité audacieuse sur la volonté nationale prise au dépourvu.

Bientôt le voile se déchire : des théoristes et des banquiers entreprennent de gouverner ; les théories les abandonnent, le crédit public s'anéantit.

Mais enfin le pouvoir est envahi : que doit-on dire ? que peut-on faire ? demandent les fragmens épars d'une nation frappée de stupeur.

L'un dit : « J'ai été fidèle à mon serment avant que celui » à qui je l'avais prêté eût violé le sien ; en violant le sien, » il m'a délié du mien : je ne sens ni scrupules, ni re- » mords. »

D'autres disent : se soumettre à la force est un acte licite en soi ; cédant au malheur des temps, nous pourrons être encore utiles à notre pays, épargner quelques malheurs à des concitoyens.

Les deux argumens, fort différens l'un de l'autre, opposés même l'un à l'autre, que je viens de citer, n'ont pas porté la conviction dans mon esprit.

Quant au système qui s'efforce de mettre la conscience à l'aise en désavouant les scrupules et les remords, il a trouvé peu d'échos dans la nation.

En ce système , bien des choses ont été oubliées.

La loi civile, dont on y essaie de rappeler le principe , reconnaît bien (1) que la résolution légale d'une obli-gation réciproque doit résulter de son inexécution de la part d'un des contractans ; mais elle ajoute que la réso-lution du contrat n'aura pas lieu de plein droit, qu'elle sera, au contraire , demandée en justice.

Elle reconnaît donc, pour décider entre les parties, la nécessité d'un juge supérieur.

Entre un citoyen et son Roi légitime, je ne connais pas le juge suprême.

On a parlé d'un vœu général de la nation : on a pré-tendu le connaître ; on a eu soin de ne pas essayer de le constater.

Lors du jugement de Louis XVI ses défenseurs......

Vous aviez, Messieurs, naguère, le petit-fils de l'un (2),

---

(1) Article 1184 du Code civil.
(2) M. le marquis de Rosambo , petit-fils de M. Malesherbes.

4

le fils de l'autre (1) parmi vous ; ils se sont montrés fidèles à la mémoire, aux enseignemens de leurs pères et à
Leurs propres sentimens : vous les avez expulsés.

Lors du jugement de Louis XVI, ses défenseurs deman-
dèrent l'appel au peuple. La Convention sentit assez quel
en serait le résultat. Elle le refusa.

Si aujourd'hui le peuple eût été appelé à choisir entre
Henri-Dieudonné et le fils du régicide, y a-t-il quelqu'un
ici qui ose dire qu'il ignore qui la voix du peuple aurait
proclamé ?

La Charte de 1814 porte « que la personne du Roi est
inviolable et sacrée. »

Tous ceux qui ont expulsé leur Roi en 1830 avaient juré
cette Charte et la bravèrent, comme les juges de Louis XVI
avaient, en le condamnant à mort, bravé la constitution
de 1791, qui avait pareillement déclaré son inviolabilité.

La convention, juge et partie contre Louis XVI, l'en-
tendit avant de le condamner, et un jeune roi, dont l'innocence le protège contre tout sentiment de haine, ne
peut se faire entendre pour rallier tous les cœurs aux espérances qui s'attachent à lui.

En voilà assez, je pense (*nombre de voix* : oui, et beaucoup trop), pour me justifier de n'adopter pas le système
qui exclut les scrupules et les remords.

Quant au système de ceux qui, en se soumettant à la
force, se justifient à leurs propres yeux sur ce qu'ils font
un acte licite auquel ils attribuent de l'utilité, qui plus
que moi, en ce moment, doit faire avant tout la part de
l'admiration et de la reconnaissance pour cette profession
généreuse qui se dévoue à la défense des accusés ? Mais
hors de quelques positions particulières, que je ne suis
ni en état de bien connaître, ni autorisé à déterminer, ne
peut-on pas penser que les sectateurs de ce système, dans
sa généralité, créent ou accroissent la force à laquelle
ils croient céder, et que l'utilité qu'ils se sont promise
est bien faible en comparaison du mal dont ils affermissent
l'existence ?

La doctrine de flexibilité qui a prêté, suivant les temps,

(1) M. le comte de Sère.

tantôt un serment, tantôt l'autre, et à laquelle je n'ai pas pu me soumettre, n'est pas la mienne, parce qu'elle porte un caractère trop peu élevé ; et quant aux motifs mêmes d'utilité qu'on y allègue, je n'ai pas cessé non plus de trouver que toute l'utilité qu'on peut attribuer aux résultats d'un acte de cette espèce est nécessairement une utilité d'un ordre inférieur. Je n'ai pas cessé de penser que l'utilité solide, étendue, durable, féconde, ne peut dériver, au contraire, que de la fidélité à conformer sa conduite aux inspirations de droiture et d'honneur que chacun a reçues du ciel.

Deux exemples auraient été bien faits pour me faire fléchir, si j'eusse pu fléchir ; ce sont ceux de deux illustres orateurs, qui tous deux ont présidé la chambre des députés, l'un dans les deux premières, l'autre dans les deux dernières années de la restauration. Je me suis si long-temps efforcé de m'instruire en les écoutant, j'ai si constamment admiré leur grave éloquence et l'élévation de leurs âmes, que je ne saurais sentir à leur égard qu'un désir ou qu'un regret, celui de les trouver ou de ne les trouver pas, dans un constant et parfait accord avec eux-mêmes. Ici la cause de mon regret est de ne les avoir pas vu sortir, comme il leur convient toujours de sortir hors de l'ornière commune ; la cause de mon regret est, l'oserai-je dire, de les avoir vus penser trop humblement d'eux-mêmes. Qu'ils se représentent la pureté de mon cœur, qui est celle des leurs, unie à l'ascendant victorieux de leurs illustres noms et de leurs éloquentes paroles ; et qu'ils me disent quel est le Français qui leur aurait pu résister.

J'ai contracté, par l'acceptation de la pairie, qui me fut conférée par Louis XVIII, l'obligation d'en remplir les fonctions. Ces fonctions législatives et judiciaires, l'abus de la force matérielle m'empêche de les remplir, en soumettant leur exercice à la condition d'une prestation de serment nouveau réprouvé par ma conscience. Je devais donc à moi-même, à la chambre des pairs et à tous mes concitoyens, de leur rendre compte des motifs de mon refus de prêter serment.

Le procès que j'ai à soutenir offrira un étrange spectacle

dans le cours de la justice humaine, ou des causes diverses qui lui sont connues. Les hommes qui par des prétextes divers ont abjuré leurs sermens, sont appelés à me
juger sur les motifs qui m'ont déterminé à demeurer fidèle au mien.

Je livre cette réflexion à leurs consciences.

Une autre pensée me frappe. Tous les pairs nommés
par Charles X, et tous ceux des pairs nommés par
Louis XVIII qui sont demeurés fidèles à leur serment,
ont été expulsés de cette chambre, où j'ai droit de les
réclamer comme mes juges. Je proteste ici contre une telle
mutilation de la cour des pairs, et je demande qu'il me
soit donné acte de ma protestation.

Cependant, Messieurs, je comparais devant vous, parce
que j'ai été menacé, si je ne comparaissais pas, d'être
jugé sans être entendu. Je comparais, accompagné de
mon défenseur. Ma défense sera entendue, et de la portion ici présente des pairs du royaume qui seuls ont le
droit de me juger, et de mes concitoyens à qui je soumets
volontiers tous les actes de ma vie.

(L'audience est suspendue à trois heures, et reprend
au bout de quelques minutes.)

M. Berryer, défenseur de M. le comte de Kergorlay,
se lève.

M. le président. Défenseur, je dois vous renouveler en
ce moment l'avertissement que je vous ai déjà donné, de
parler avec décence et modération. Vous comprendrez que
si des expressions fâcheuses sont tolérables dans la bouche
d'un accusé, et peuvent avoir pour excuse la position où
il se trouve, les mêmes expressions, ou des expressions
analogues ne sauraient être permises à l'avocat, et sauraient même être réprimées sévèrement par la cour. J'insiste sur cette observation, parce qu'elle est conforme
aux principes.

M. Berryer. Je prie la cour des pairs de vouloir bien
être persuadée qu'après un exercice déjà ancien et déjà
honoré de ma profession, l'itérative invitation qui vient
de nous être faite était superflue. Je connais la hauteur de
votre justice, et je sens que la grandeur de mon ministère

s'élève dans cette circonstance ; je le remplirai avec dignité, mais avec liberté, car je ne pourrais croire que ,
par ces paroles, on eût voulu m'en ôter la force.

Messieurs, le jour où la moitié des députés et à peu
près le quart du royaume ,donnèrent à la France un nouveau Roi et une nouvelle Charte , M. le comte de Kergorlay était absent de Paris: il s'empressa d'imprimer son
opinion sur ces actes solennels, et dans une lettre adressée à M. le président de la chambre des pairs, il dit:

« Je pense que le premier des droits publics des Fran-
» çais est celui de conserver leur dynastie légitime dans
» l'ordre de primogéniture, et de mâle en mâle, telle qu'elle
» est établie depuis tant de siècles parmi nous ; je pense ,
» en conséquence, qu'aucune chambre n'est autorisée à
» les priver du premier de leurs droits ; je pense que le
» trône de France n'était pas vacant lorsque la chambre
» des pairs a délibéré sur la supposition de cette vacance;
» je pense que par le seul fait de la double abdication de
» S. M. Charles X et de son fils Louis-Antoine , le trône
» appartient dès cet instant même à S. A. R. Mgr. le duc
» de Bordeaux. Egalement convaincu que la chambre des
» pairs, qui ne doit sa propre existence qu'au Roi d'une
» dynastie héréditaire , n'aura aucunement le droit de rom-
» pre cette hérédité, et de transférer la couronne à un au-
» tre qu'à celui auquel le droit d'hérédité la confère. »

Il fut répondu à M. de Kergorlay, que la discussion
étant terminée sur le sujet auquel se rapportait sa lettre,
le président ne pouvait sous aucun rapport en entretenir
la chambre ; que rien ne serait plus contraire à ces usages,
et même aux prescriptions de son règlement.

M. de Kergorlay pensa qu'il devait, dans cette circonstance , publier son opinion; cette lettre fut insérée dans
tous les journaux, et on ne songea pas alors à la poursuivre et à en faire l'objet d'une action criminelle. Il pouvait croire que désormais il n'aurait plus à s'expliquer sur
ces actes solennels; mais la loi du 31 août 1830, imposant
à tous les fonctionnaires l'obligation de prêter un nouveau
serment, à peine, pour messieurs les pairs de France en
particulier, d'être personnellement déchus du droit de
siéger dans la chambre haute, M. le comte de Kergorlay

dut délibérer et examiner en sa conscience quelle devait
être sa conduite.

Une telle loi , aux premiers jours d'une révolution, put
sembler favorable et puissante pour concilier ou plutôt
pour réunir les suffrages, pour enchaîner au nouvel établissement beaucoup de volontés; mais, dans ces circonstances, son premier caractère est d'être impérieuse et dure,
car elle met en butte l'intérêt personnel, le besoin de la
conservation de sa vie, de son existence sociale, avec la
conscience, avec l'intime conviction. Une telle loi est
encore impolitique, peut-être dangereuse, car elle laisse
le nouvel état des choses au jugement de chacun. Celui
qui est interrogé doit prononcer, et il est provoqué à s'expliquer, par la résolution qu'on lui demande.

Lors de l'exécution de cette loi, il n'est personne en
France, il n'est personne dans cette enceinte qui n'ait bien
sérieusement délibéré. La question était grave pour les
particuliers, importante pour tous. Divers avis furent sui-
vis ; diverses règles , diverses opinions, diverses croyances
furent émises; les uns, suivant les doctrines de M. le procureur-général , ont pensé que dans de graves circonstances, dans des temps impérieux, ils devaient s'empresser de
jurer la fidélité nouvelle qui leur était demandée; qu'ils
pouvaient se constituer juges entre eux-mêmes et leurs
devoirs; se faire les arbitres du contrat qui les liait et qui
enchaînait leur obéissance ; se déclarer libres , et se vouer
par conséquent à une nouvelle souveraineté; d'autres ont
considéré que ce nouveau gouvernement lui-même décla-
rait officiellement que le serment demandé n'était qu'un
engagement pour le fonctionnaire public, de consacrer au
bien public l'autorité dont il est revêtu ; ils ont conclu
dès lors que ce n'était pas un acte de foi à de nouveaux
principes à un fait matériel; ils ont pensé que c'était un
moindre mal certainement pour le pays, d'être gouverné
par un pouvoir nouveau, quel qu'il fût, que de manquer
entièrement de gouvernement; ils ont senti qu'il fallait
éloigner du moins l'anarchie qui était menaçante; ils ont
compris enfin qu'indépendamment de leurs devoirs envers
le Roi légitime, ils avaient aussi de légitimes devoirs à
remplir envers leurs concitoyens, et qu'en protestant pour

le droit qu'aucune force sur terre ne peut détruire, ils devaient se soumettre à une condition pressante, pour s'acquitter de leur charge, et ne pas abandonner aux hommes d'une opinion contraire les intérêts de ceux qui partagent les mêmes sentimens.

M. le comte Kergorlay n'a adopté ni l'une, ni l'autre de ces opinions. Dans son esprit grave, il m'est inutile de dire qu'il ne s'agissait pas, comme l'a supposé M. le procureur-général, d'essayer une lutte hardie de la parole, ou de la pensée, ou du cri de la conscience, contre le pouvoir armé. M. de Kergorlay a voulu être en paix avec lui-même. Aux yeux du noble pair, le serment s'est présenté avec ce caractère de gravité, de majesté, de sainteté que lui ont imprimé tous nos vieux jurisconsultes, ces hommes de ces temps d'*ignorance*, ainsi que vous les appelez, dont les lois ont éclairé et gouvernent encore le monde. Pour lui, le serment a été un engagement religieux de la conscience, où Dieu est pris à témoin, dont Dieu doit être seul le vengeur, parce que cet acte n'a pas pour objet les choses extérieures, les seules que l'homme puisse connaître, juger et punir. Lié par un premier serment qui l'enchaînait à des droits établis, reconnus, consacrés, M. de Kergorlay s'est demandé si ses droits avaient péri, et quels droits nouveaux leur avaient succédé, convaincu que rien n'avait rompu ses premiers engagemens, il n'a pas pensé qu'il pût s'y soustraire, et sentant qu'il était, par son refus, forcé de suspendre l'exercice des hautes fonctions dont il est revêtu, il a reconnu, avec justice, qu'il était de son obligation d'exposer à ses concitoyens les motifs graves qui le déterminaient à ne plus être pour eux le magistrat tel qu'il avait été constitué par le prince légitime.

De là sa publication.

Je vous le demande, Messieurs, un tel acte ainsi provoqué peut-il jamais devenir criminel aux yeux de qui que ce soit? L'homme qui est interrogé dans sa conscience, et qui répond ce qu'elle lui dit, peut-il justement, jamais, être poursuivi, condamné? Et cependant, ce sont ceux qui l'interrogent qui osent demander qu'il soit puni pour avoir répondu.

Certes, Messieurs, l'accusation est étrange, étrange dans son principe, et je dois le dire, il est douloureux de remarquer que ce n'est que sur la provocation et en quelque sorte par obéissance à un journal dont l'article a paru le 27 septembre au matin, que l'on a, par condescendance, intenté le procès contre la publication qui avait eu lieu le 25.

Quoi qu'il en soit, voyons les pièces de ce procès.

(M⁰ Berryer donne ici lecture des huit premiers paragraphes de la lettre de son client.)

Je m'arrête ici. Y a-t-il dans cette partie de la lettre de M. le comte de Kergorlay le développement d'une doctrine politique, l'établissement des principes de légitimité, principes qui gouvernaient la France, principes d'où était émanée la loi fondamentale, sa liberté, la seule qu'elle ait connue depuis quarante années? C'est à cette puissance légitime que M. de Kergorlay, pressé de prendre une résolution, a cru devoir rester fidèle. Il en rappelle les obligations, il en développe les principes. Que fait-on aujourd'hui, on vous demande qu'il soit condamné. En vertu de quelles lois? En vertu des lois qui étaient faites pour protéger ce principe, au nom des lois qui punissaient toute attaque contre la dignité royale, l'ordre de successibilité au trône, les droits que le Roi tient de sa naissance : au nom des lois qui punissaient la violation du serment prêté, on veut fidélité à ce serment donné sous la foi et en présence de ces lois vengeresses.

Il est reçu qu'il est dans le monde deux principes qui le partagent aujourd'hui, à vrai dire qui le partagent depuis le commencement des siècles : l'un, celui de l'autorité héréditaire, légitime, quelle que soit l'origine qu'on lui donne, ou le seul intérêt de son existence, ou une sanction plus haute et plus sacrée. L'autre principe est celui de la souveraineté de tous, de la souveraineté du peuple pour le dire. Cette souveraineté, que l'on dit aussi constituer un droit impérissable, imprescriptible, et au nom de laquelle on vous demande de par le droit des nations, de punir celui qui est demeuré fidèle aux droits du souverain, à la loi de son Roi.

Chose étrange! Mais ces lois que vous indiquez au nom d'un principe, ne cessent pas d'être les lois du monde; elles ont été faites pour protéger l'autre principe, et ceux que vous poursuivez auraient invoqué ces lois pour frapper les pensées, les doctrines émises dans votre réquisitoire; et c'est elles que vous invoquez pour faire condamner tous les principes, tous les sentimens qu'elles défendent.

Et, chose plus étrange encore, Messieurs, les partisans de cette doctrine de la souveraineté du peuple, de ces droits imprescriptibles et impérissables des nations, ainsi que vous les avez appelés, elles vous condamnent, elles impriment le même sentiment que M. de Kergorlay sur ce que vous avez fait.

Si un pair de France a développé que tout ce qui s'est fait depuis le 7 août n'était qu'une violation du droit royal en France, des membres de l'autre chambre ont établi que tout ce qui s'était fait était une violation manifeste du droit des nations. C'est en effet ce qu'a écrit dans les journaux un membre de la chambre des députés : « Je reconnus bientôt »que je n'avais reçu du peuple redevenu souverain, ni di- »rectement, ni indirectement, la mission extraordinaire »de faire une constitution et de créer un roi; il me sem- »blait entendre le peuple me dire : qui es-tu, qui t'a armé, »que vas-tu faire? arrête. De même que la légitimité des »rois, la légitimité des peuples, la seule vraie, la seule »rationnelle, a ses règles, sa sûreté et ses lois; de même »que le corps humain, le corps politique a ses principes »organiques et ses conditions de vitalité. S'il les observe, »il marche; s'il les viole, il tombe. L'instinct des faits, le »caprice des masses ou la brutalité de la force condamne »les nations qui n'ont pas encore secoué le joug de l'igno- »rance et de la barbarie; mais à mesure que les sociétés »s'avancent dans les voies de la civilisation, elles devien- »nent de plus en plus des sociétés intellectuelles. Or, mal- »heur aux sociétés intellectuelles qui manquent à leurs »principes! Quel est donc le principe de la souveraineté »nationale, du système enfin où nous nous trouvons aujour- »d'hui placés? C'est que le peuple doit proposer la Charte »par ses organes constituans, ou du moins la sanctionner.

5

» Or, ces organes constituans ont-ils proposé, le peuple
» a-t-il sanctionné? Non. Donc il n'y aura que de l'anarchie,
» gravité de circonstance, péril, urgence, tout ce qu'on
» voudra; mais quoiqu'on puisse dire, avant, pendant, ni
» après, il n'y a pas eu de légalité.

» Je persiste donc à croire qu'après une révolution qui a
» renversé la maison régnante, qui a fait remonter le pou-
» voir vers sa source, il n'y a rien de légal. »

Aussi, vous le voyez, sans entrer dans une discussion
où il me serait facile de vous suivre, sans contester ces
établissemens historiques à l'aide desquels vous nous avez
dit que le premier Roi de la troisième race était monté sur
le trône avec l'assentiment du peuple, reconnaissez que
les principes du droit de la légitimité sont contraires à vos
doctrines ; que les partisans du droit de la souveraineté du
peuple contestent aussi la légalité de ce que vous avez fait.
Leurs principes, leur doctrine et le développement de leurs
opinions, ont été publiés, comme les doctrines, les principes et le développement des opinions de M. le comte
de Kergorlay. Je n'ai pas ouï dire qu'on ait poursuivi
ces fauteurs de la légitimité, de la souveraineté du
peuple, qui, dans leur système, prononcent cependant
les mêmes anathêmes contre les actes que vous voulez défendre.

Il n'est pas vrai que tout se soit fait au nom de la souveraineté du peuple, et conformément à ce principe du droit
des nations : vainement M. le procureur-général a invoqué pour le prétendre le mandat sans limites des députés
des départemens. Quel mot imprudent a-t-il prononcé!
Si le mandat est sans limites, quelle est la force du serment!
que valent des engagemens! que ne devez-vous pas
craindre pour l'avenir? Mais, vous a-t-on dit, le peuple
a donné sa sanction par des adresses. Cinq cents com-
munes sur quarante mille ont envoyé leurs félicitations.

Laissons de côté ce qui n'est pas la vérité. La vérité a
été proclamée, lorsqu'on a dit que l'état des choses était
fils de la nécessité de l'urgence, des circonstances impérieuses qui se fondaient sur les faits, qui n'avaient que l'autorité des faits; et dès-lors il ne se peut pas que des lois

conformes à un principe de droit quelconque antérieur à
ces faits inopinés, inattendus, qui nous ont frappés
comme l'éclat de la foudre, puissent être invoquées pour
soutenir, pour fonder cet ordre de choses, dont les principes n'étaient pas même soupçonnés le jour où ces lois
furent faites.

Ce que je dis, Messieurs, est présent à vos pensées, et
chacun de vous en est convaincu par une délibération
même récente qui a eu lieu à la chambre des pairs. Un
ministre est venu vous présenter un projet de loi, pour
suppléer à ce silence de la législation, pour donner à cet
ordre nouveau fondé sur un fait, la protection, l'appui
dont il a besoin.

M. le ministre de l'instruction publique vous a dit :

« Le Roi des Français ne règne pas par droit de nais-
» sance.... L'origine de notre royauté n'en est que plus sa-
» crée et plus respectable ; vous l'avez déclaré, Messieurs,
» c'est l'intérêt universel et pressant du peuple français
» qui appelait au trône le Roi Louis-Philippe et ses des-
» cendans. Quelle mission fut jamais plus sacrée que celle
» de sauver la liberté d'une grande nation, et de la pré-
» server en même temps des calamités de l'anarchie ! »

Votre rapporteur a reconnu aussi la nécessité, l'urgence
de la loi, dans le silence de toute autre qui pût être rai-
sonnablement invoquée. Il a dit :

« Une impérieuse nécessité s'est fait sentir...... En sup-
» posant que pour constater la volonté générale, d'autres
» formes eussent pu être employées, les résultats auraient-
» ils été plus convaincans ? les circonstances permettaient-
» elles d'y avoir recours. Fallait-il, au milieu de la confé-
» dération européenne, en présence de tant de peuples qui
» bientôt se seraient alarmés, affronter les dangers de l'in-
» terrègne ou précipiter une nation de 32 millions d'ames
» dans les abîmes de l'anarchie républicaine ? Vous en
» avez autrement jugé. Les hommes les plus respectables,
» les plus attachés à leurs sermens se sont soumis. Si quel-
» ques-autres s'obstinent à contester publiquement le vœu
» de la nation, ou les droits qui en résultent, n'est-il pas
» temps qu'ils soient réprimés ? L'ordre, la sécurité pu-

» blique, la dignité nationale, comme celle du Roi, ré-
» clament contre leurs agressions.

« La disposition pénale soumise à vos délibérations est
» ainsi conçue, etc. »

Dans la discussion devant vous, Messieurs, j'ai remar-
qué encore ce passage :

« L'état des choses étant donné (et il est assez voisin de
» nous, pour que chacun de nous en ait la mémoire assez
» fraîche), la nation française désirait, souhaitait, voulait
» ce qui est arrivé. Mais la nation française avait des or-
» ganes légitimes, les deux chambres; elle a parlé par ses
» organes légitimes et il en est résulté l'acte du 7 août. »

Enfin, un noble pair résume la discussion dans ces
termes :

« Le Roi des Français a des droits qui peuvent être li-
» vrés, que dis-je, sont livrés à des attaques qui nous scan-
» dalisent, et l'organe de la société demeure sans armes
» contre ces attaques, contre ces provocations que rien ne
» saurait justifier. . . . . Je pense que la loi a un caractère
» d'urgence. . . . . etc. »

Ainsi, Messieurs, s'il est un point de droit établi par la
nécessité même où vous avez été de délibérer sur une loi
nouvelle, c'est qu'il n'existe aujourd'hui, comme en effet
il ne pouvait exister aucune loi qui protégeât ce qui a été
fait le 7 août, et qui vengeât les attaques dirigées contre
le nouvel ordre de choses.

Il est subversif de toute idée, il répugne à toutes les
consciences d'invoquer les lois du pouvoir légitime pour
condamner la défense du légitime pouvoir, et d'y chercher les principes de légalité pour le cas dans lequel nous
nous présentons.

Enfant de la nécessité, il est besoin, cependant, que
l'ordre de choses actuel soit défendu par des lois; mais
il n'en existe aucune qui puisse être maintenant invoquée.

Aussi, n'appuierai-je pas sur le singulier système soutenu devant vous; ne viendrai-je pas demander comment
il se fait qu'on accuse M. de Kergorlay au nom des lois
faites sous Charles X, par les pairs engagés dans la voie
du gouvernement de Charles X, aux principes du droit

indestructible de successibilité au trône. Je ne demande-
rai pas combien il est absurde de venir avec ce droit condamner M. de Kergorlay. Toutes ces lois, Messieurs,
toutes ces dispositions sont applicables, sont enchaînées
au système du gouvernement qui, aujourd'hui, ne domine pas sur la France; et il est impossible de les invoquer contre celui qui défend dans sa conscience ce que ces
lois avaient pour but et pour objet de protéger.

M. le procureur-général a compris sans doute que la
loi qui a été demandée pour suppléer à l'inapplication
évidente de la loi du 25 mars 1822, était une preuve qu'il
n'y avait pas de loi protectrice des droits que vous voulez
défendre : il a cherché à éluder la question par un vain
subterfuge, par une de ces subtilités de droit qui sentent
beaucoup trop les juridictions inférieures. Il a parlé de la
loi du 17 mai 1819, ne pouvant invoquer celle du 25
mars 1822, dont l'abrogation a été reconnue. C'est au
nom de la loi du 25 mars 1822 que son réquisitoire a été
lancé, que la chambre a été convoquée. C'est en vertu
de l'article 4 de cette loi qu'il nous a fait citer pour répondre des délits prévus par cet article.

Que vient donc faire aujourd'hui M. le procureur-général, en nous parlant des dispositions des articles 2 et 4
de la loi du 17 mai 1819?

Qui d'entre vous, et je suis heureux de parler devant
les auteurs mêmes de nos lois, les législateurs de la France
monarchique ; qui d'entre vous, disais-je, ne se rappelle
pas que c'est l'insuffisance reconnue de la loi de 1819 qui
détermina le gouvernement à présenter celle de 1822, et
particulièrement l'article 2 de cette loi? et si dès-lors
l'article 2 de la loi du 25 mars 1822 est considéré comme
abrogé, parce qu'il avait été fait pour protéger un ordre
de choses qui ne règne plus, il est évident que la loi qui
défendait moins bien cet ordre de choses, est, à plus forte
raison, abrogée.

L'article 2 de la loi du 25 mars 1822 reproduit, sinon les
mêmes termes, du moins les mêmes dispositions de l'article 4 de la loi du 17 mai 1819. Ces deux articles avaient
en effet le même but.

Je n'ai donc pas besoin de grands développemens pour

repousser les argumens auxquels a donné lieu l'application
de la loi de 1819 dans ses articles 2 et 4, il est évident
que ces dispositions reproduites postérieurement par l'article 2 de la loi de 1822, se trouvent implicitement abrogés
par la force des choses, par l'autorité invulnérable du sens
commun.

Autre subtilité : c'est celle des réquisitoires et de l'ordonnance de convocation, qui a fait invoquer l'article 4 de la
loi de 1819. Ici, Messieurs, il y a une confusion complète
des choses et des principes. Permettez-moi de remettre sous
vos yeux la loi de 1822.

L'article 1er de cette loi prononçait des peines contre
toute atteinte, tout outrage à la religion de l'Etat; l'art. 2
prononçait aussi des peines contre toute attaque à la dignité
royale, l'ordre de successibilité au trône, aux droits que le
Roi tient de sa naissance, à ceux en vertu desquels il a
donné la Charte, à son autorité constitutionnelle, à l'inviolabilité de sa personne, aux droits ou à l'autorité des chambres;
l'article 3 prononçait des peines contre l'attaque des droits
garantis par les articles 5 et 9 de la Charte constitutionnelle;
enfin, l'article 4 est ainsi conçu : « Quiconque, par l'un des
» mêmes moyens, aura excité à la haine ou au mépris du gou-
» vernement du Roi, sera puni, etc. »

Est-il vrai, Messieurs, que le jour où l'on conteste l'autorité qu'avaient les chambres pour refaire une Charte, pour
élire un roi, que le jour où l'on défend l'autorité royale en
la personne du prince légitime, où l'on défend l'inviolabilité de cette même personne, l'ordre de successibilité au
trône, on se trouve dans le cas de l'application de l'art. 4
de la loi de 1822?

Pour exprimer ma pensée sous une autre forme : est-il
vrai qu'en parlant des attaques contre le gouvernement du
Roi, on a voulu spécifier les mêmes attaques qui déjà avaient
été prévues dans l'article 2 de la même loi?

En d'autres termes encore. Les articles 2 et 4 de la loi de
1822 disaient-ils absolument la même chose, réprimaient-
ils les délits? Non. Vous n'aurez pas mis dans une même loi
deux articles qui auraient dû se confondre et n'en former
qu'un seul.

Il s'agit, dans le premier de ces deux articles, de réprimer toute attaque, toute discussion hostile contre les pouvoirs constitués, contre les principes de leur constitution, contre la nature, l'étendue et l'origine de leurs droits. Comme M. de Kergorlay attaque précisément cette nature, cette essence d'un pouvoir constitué et d'un pouvoir constituant, il ne pourrait être que sous l'application de l'art. 2 : c'est précisément l'article abrogé.

Qu'a donc voulu prévoir l'article 4, quand tout était protégé par l'article 2 ? Toute attaque contre le gouvernement, non pas contre l'origine et la nature de ses droits, mais contre leur action, contre la mise en mouvement des pouvoirs de l'Etat, ce qui constitue la vie, la permanence des gouvernemens. On a reconnu dans le second paragraphe de cet article, que les actes des ministres ne cessaient pas d'être un objet de libre discussion. On a laissé la première partie de l'article, parce qu'indépendamment des actes des ministres, c'est attaquer le gouvernement dans son action, dans sa marche, dans l'exercice de ses pouvoirs, que de lui supposer des plans, des projets, des intentions malveillantes, funestes pour le pays. C'est ainsi que l'association pour le refus de l'impôt a été condamnée par la cour royale, parce que c'était une supposition de système, et que cette supposition tendait à priver le gouvernement de la confiance qui lui est nécessaire.

Si nous voulions nous livrer à des suppositions, nous pourrions, par ces exemples, faire comprendre quels sont les hommes qui donneraient lieu à l'application de l'article 4. Ceux qui diraient que les hommes parvenus au pouvoir ont fait des promesses qu'ils ne songent plus à tenir ; ils voulaient le pouvoir pour eux, ils le garderont ; ils promettaient des économies, ils accableront le pays sous les impôts les plus onéreux ; Dieu sait quelle administration ! Les hommes au pouvoir, dirait-on dans un autre article au nom de la France, ont adopté une politique extérieure, humiliante pour elle. Ce ne serait pas attaquer le gouvernement du Roi, mais la marche, les actions et les vues de ce gouvernement. Voilà le cas de l'application de l'article 4 ; ce n'est pas celui où nous nous trouvons.

M. de Kergorlay ne s'est pas occupé de savoir comment administrait, comment gérait, comment allait enfin la machine organisée le 7 août 1830. M. de Kergorlay a contesté les droits du pouvoir qui a établi cette machine; il a défendu les règles du gouvernement précédemment établi. L'article 2 de la loi de 1822 ne lui est donc pas applicable, il ne reste pas de loi qu'on puisse invoquer contre lui.

Vous le comprenez, Messieurs, aucune loi n'existe, aucune loi ne peut exister, et s'il en existait, il serait odieux de l'invoquer : on ne le pourrait faire que par un renversement de tous les principes, de toutes les idées, sur l'objet, l'origine, la destination de la loi.

Mais, sous un autre rapport, comment se peut-il, ainsi que tout-à-l'heure vous le faisait remarquer M. de Kergorlay, qu'il puisse être poursuivi pour avoir fait entendre le cri de sa conscience, dans une circonstance où sa conscience était interrogée! Et pourquoi serait-il jugé, je vous le demande? Ah! Messieurs, j'honore trop le caractère de ceux devant qui je parle; je sais trop bien comment ils comprennent leur dignité, je suis trop convaincu qu'ils savent combien est élevé le caractère dont ils sont revêtus : ils savent ce que c'est que le haut rang de pair du royaume de France; et certes, quand, en cette qualité, ils ont été appelés à délibérer pour savoir s'ils délaisseraient le gouvernement qui les avait faits, s'ils subiraient la nécessité, s'ils entreraient dans la voie d'un gouvernement nouveau, tous ont délibéré, tous se sont arrêtés à toutes les considérations qui pouvaient mettre leur conscience en balance. Je n'en doute pas, il n'est pas un de vous qui, pesant cette énorme question, n'ait songé à tout ce qu'a développé M. le comte de Kergorlay, qui n'ait compris qu'un premier serment était quelque chose de grave. Toutes ces réflexions, vous en avez été agités; elles vous ont tous préoccupés; vous avez tous pensé comme lui.

De quoi le puniriez-vous? De ce qu'il n'a pas senti l'autorité des circonstances comme vous? De ce que son esprit n'a pas été dominé par les considérations qui vous ont déterminés? De ce qu'il s'est arrêté au milieu d'un chemin que vous avez parcouru en entier? Tous vous avez médité sur ce point sacré devant lequel sa conscience a dit : je ne peux aller au-delà?

Or, Messieurs, il ne se peut pas qu'on ait quelque espoir de succès en vous provoquant à condamner celui qui, interrogé comme vous, méditant comme vous, n'a eu d'autre tort que de ne pas suivre entièrement votre avis.

Jamais, en effet, pareille condamnation n'a été demandée..... dans le monde je n'en sais pas d'exemple ; et au milieu des nombreux changemens qui ont fatigué cette pauvre France depuis quarante années ; au milieu de toutes ces constitutions successives envoyées pour demeurer à jamais, et pour cimenter jusqu'à la fin des siècles le bonheur de la nation française....., dans leur rapide succession, on a demandé des sermens, on a demandé des votes ; ces votes, ces sermens, ont été souvent refusés. Les uns ont dit les causes de leur refus, les autres ont gardé le silence. Le silence !..... ce mot m'arrête ; je comprends qu'il peut aussi être coupable ; car le magistrat qui, sur son siége, appelé à prêter le serment, abaisse sa main et détourne la tête, proclame hautement tout ce que M. de Kergorlay a dit. Cela deviendra donc un crime ! Comme ce refus est plus dédaigneux, peut-être, il serait plus offensant et plus répréhensible ! En aucun Etat, Messieurs, le vote demandé, de quelque manière qu'il ait été exprimé, n'a été l'objet d'aucune accusation, d'aucune poursuite, d'aucune vindicte publique de la part du pouvoir que chagrine une réponse qui n'est pas telle qu'il pouvait la solliciter.

Commander aux consciences est une tyrannie, et de toutes les tyrannies la plus odieuse.

Bonaparte a consulté la France. M. le comte de Kergorlay, dans cette haute modestie, accompagnée d'une fermeté si grande, a passé, presque sous silence, l'acte de courage qui signala sa réponse. Elle fut négative ; et, comme aujourd'hui, il crut devoir la publier, et rendre compte à ses concitoyens des motifs honorables qui l'avaient dictée. Ce refus de serment, publié en 1815, fut mis sous les yeux de Bonaparte. Nul de vous n'a entendu dire qu'on eût pensé à poursuivre M. de Kergorlay.

Certes les hommes du ministère public étaient ardens

6

alors à poursuivre les délits; ils étaient vengeurs soigneux des attaques contre le prince.

C'est donc une chose nouvelle, c'est donc un droit nouveau, qu'en l'absence de tout droit on a voulu exercer devant vous.

J'en ai dit assez, Messieurs, sur la partie principale de l'accusation, je veux dire tout ce qui touche le gouvernement constitué dans la journée du 7 août 1830.

Il me reste encore une partie grave de la défense à parcourir; celle relative aux offenses commises envers une Majesté au nom de laquelle la loi répressive des offenses n'est pas encore faite.

Je vous le disais au commencement, je connais l'élévation de votre justice, la grandeur de votre juridiction; et au moment de toucher ce point délicat, je sens mieux la dignité et le devoir de mon ministère.

M. de Kergorlay a dit :

« A défaut d'aucun droit, on a allégué en faveur du Roi » qu'ont élu les chambres, que lui seul pouvait sauver la » France. Je pense au contraire qu'il était de tous les Fran- » çais le plus incapable de la sauver, parce que de tous les » Français il est celui à qui l'usurpation à laquelle on le » convia dût sembler la plus criminelle. »

Je m'arrête, Messieurs. Oui, voilà de tristes et terribles souvenirs, de ce que malheureusement l'histoire vous a enseigné à tous. Oui, il serait à désirer que tous ces souvenirs plus que tous autres fussent à jamais perdus en France.

Mais, je ne vois rien d'offensant dans l'expression d'un sentiment avec lequel M. le comte de Kergorlay pénètre ainsi dans la pensée du prince, et lui fait juger de lui-même. Sans doute, M. le comte de Kergorlay se sera rappelé la noble indignation avec laquelle ce prince a flétri lui-même l'usurpation de Bonaparte, M. de Kergorlay se sera rappelé les gages d'amitié, les honneurs reçus d'un maître royal auquel il ne reste désormais que les horreurs de l'exil et les longues infirmités de la vieillesse et l'innocence désarmée de l'enfance. Ces sentimens généreux pour le prince, noble dans la pensée de M. de

Kergorlay, il en a été pénétré, non-seulement pour lui, mais pour le prince, quand il a dit que cette usurpation devait être aux yeux du prince, la plus criminelle de toutes.

Il a ajouté : « Elevé par sa noble mère dans le sen-»timent de ses devoirs envers son peuple, l'enfant royal »vivra pour le bonheur de la France, et nous sera un jour »rendu. »

Ici, Messieurs, c'est, vous a dit M. le procureur-général, le plus flagrant, le plus grand de tous les crimes; c'est l'acte d'un mauvais citoyen. Oh! amis de la liberté! que je vous reconnais mal dans ces qualifications violentes d'une expression simple et d'une pensée pure! Qu'est-ce, en effet, que cette phrase? L'expression d'un sentiment, d'une espérance. Mais vous, ministres rigides de la loi, qu'avez-vous à y répondre? Est-ce une provocation à la révolte? Il jette au ciel ses espérances. Ferme dans sa foi politique, il s'abandonne à la Providence; loin d'en appeler aux hommes et de rien attendre d'eux, M. de Kergorlay me semble avoir fortifié son âme dans une pensée toute religieuse, celle de Bossuet : « Il n'est pas besoin d'armer l'op-»pressé contre l'oppresseur; la violence réclame contre »elle-même. »

M. de Kergorlay s'est renfermé dans ce sentiment consolateur, dans les vœux de sa conscience; mais nulle provocation, nulle excitation à la révolte, rien qui tombe sous le glaive de vos lois pénales.

Enfin, Messieurs, je finis la pénible lecture de la lettre de M. de Kergorlay. On nous a dit qu'il y avait une attaque manifeste contre l'autorité et les droits des chambres et particulièrement de la chambre des pairs; mais je ne relis pas même le passage incriminé, car je sens que sur cette partie délicate, toute discussion m'est interdite, quand je pense que bientôt, sous peu de jours peut-être, dans une cause autrement grave, sous le poids d'une condamnation qui peut être terrible, des hommes se présenteront devant vous qui auront les mêmes observations à vous faire.

Les raisons qui militent peut-être dans cette cause, une voix généreuse les a fait entendre pour ceux qui sont accusés et qui bientôt seront là devant leurs juges. Quoi, vous voudriez leur ravir ce que chacun pense, ce que l'on ne doit juger que plus tard ? moi je viendrais soutenir ce qu'a dit M. de Kergorlay, rappeler que les mêmes réflexions ont été faites dans une autre chambre ? Non, Messieurs, et cependant que la tâche me serait facile, si j'avais à justifier ici mon client sur ce qu'il a dit de l'abolition de la pairie, à l'égard de tous ceux qui avaient reçu cette haute fonction de la puissance légitime, si je voulais vous rappeler qu'au moment où la proposition vous a été faite, vous étiez si bien pénétrés de ce que M. de Kergorlay avait compris, que vous vous abstintes de délibérer, et refusâtes de consacrer cette grande atteinte à des actes émanés du plus légitime des rois, vous en rapportant sur ce point à la sagesse de l'autre chambre.

M. de Kergorlay, vous a-t-on dit, a été poussé par une aigreur violente à donner à sa lettre de la publicité ; non, Messieurs, il corrigeait les épreuves, avant même de savoir si sa lettre n'avait pas été lue à la chambre des pairs.

Investi d'une grande magistrature, dont il ne se démettait pas volontairement, il devait apprendre à ses concitoyens qu'il était contraint à ce sacrifice. M. de Kergorlay a fait ce qu'il avait droit de faire en sollicitant la publication de la lettre qu'il avait soumise à la chambre des pairs.

Pénétré de son droit, M. de Kergorlay se plaint aujourd'hui par ma bouche, de ce que cette lettre n'a pas été lue à la chambre des pairs. J'en demande pardon à la cour, je respecte les motifs de la conduite de son président.

Deux lettres cependant, l'une de M. Latour Dupin, l'autre du duc d'Havré, renfermant, avec moins de développemens, il est vrai, les opinions de M. de Kergorlay, sur le serment exigé, ont été portées à la connaissance de la chambre. Pourquoi donc n'ont-elles pas donné lieu aux mêmes poursuites ? Est-ce parce que ces deux lettres avaient été lues dans l'enceinte de la chambre des pairs ? Combien donc n'avons-nous pas à regretter qu'il n'en ait pas été ainsi à l'égard de celle de M. de Kergorlay. Il parlait comme pair, et vous l'avez reconnu par votre acte de compétence. Il parlait sous l'inviolabilité de la pairie.

N'importe, peut-être, qu'à cette occasion, je puisse m'étonner de cette distinction, de la lettre d'un pair adressée à la chambre ; d'un pair, mais perdant son inviolabilité par l'omission d'une formalité indépendante de la volonté de l'auteur. Si cette formalité avait été remplie, le triste et déplorable procès qui nous occupe n'aurait pas été engagé.

Quand je dis le triste procès ; ah ! certes, ce n'est pas que j'en redoute l'issue devant vous ! Non, certes, ce ne sera pas ici le premier triomphe de cette guerre à mort qu'un organe de justice est venu prononcer dans l'enceinte du temple des lois !

N. B. On entend ensuite Mᵉ Guillemin et Mᵉ Hennequin, défenseurs de la *Quotidienne* et de la *Gazette*, M. Berville avocat-général, et Mᵉ Berryer et Hennequin dans leurs répliques.

Les débats sont fermés, et M. le président annonce que, vu l'heure avancée. l'audience est levée (il est 7 heures et demie), et que demain la cour se réunira à midi pour délibérer dans la salle de ses séances, et que l'audience ne deviendra publique que pour le prononcé de l'arrêt.

Addition à l'audience du 22 septembre.

M° Guillemin, avocat de la *Quotidienne*, a la parole.

(M° Guillemin établit que la *Quotidienne* ne se trouve qu'indirectement responsable dans ce procès, et il cherche à justifier l'insertion de la lettre de M. de Kergorlay, en s'appuyant sur la caution qu'offrait son nom, sa dignité de pair encore existante, et ses droits en cette qualité. « C'est, dit-il, entouré de cette espèce d'auréole que M. de Kergorlay se présenta au bureau du journal, enfin comme une portion individuelle d'un des trois grands pouvoirs de l'Etat. Mais cette déférence qu'on eut pour un pair de France, tient aussi à l'ordre politique. La loi du 29 mai 1819, confère l'inviolabilité à la parole des pairs, à plus forte raison aux actes de la pairie, et spécialement à une protestation. Ce n'était pas ici une digression de tribune, mais un acte obligé. Cet acte appartenant d'ailleurs à l'histoire, à la postérité, aux journaux, appartenait bien légalement à la *Quotidienne*. Ne croyez pas que je veuille toucher à des questions délicates. La *Quotidienne* a pour maxime que Dieu seul peut se réserver de juger les consciences, comme l'a dit avant elle un empereur païen. Mais la *Quotidienne* pouvait-elle se constituer juge d'un membre encore vivant du plus grand corps de l'Etat ? Comment penser que, dans cette grande transition d'une charte à une autre, le droit de discussion accordé à tous les citoyens, pût être dénié à un pair de France ? La loi avait proclamé par la demande du serment, qu'on pouvait le prêter ou le refuser, et par conséquent expliquer les motifs du refus. Elle permettait par là les larmes, les regrets, les doléances. La *Quotidienne* n'a vu que des doléances dans la lettre de M. de Kergorlay. » L'avocat effleure ici la question politique en termes un peu mystiques. « Les morts politiques, dit-il, sont sujets à des résurrections. Tout a été dit, tout a été vu depuis quelque temps : les abîmes se sont ouverts sous nos pas pendant que le ciel s'éclaircissait; les écueils étaient à côté du port. Mais je me hâte de terminer par cette observation, qu'en voulant condamner la *Quotidienne* pour l'insertion d'une lettre semblable à celle de M. de Kergorlay, ce serait, de la part du ministère public, soumettre à un injuste contrôle un hommage à la vérité. »)

M⁰ Hennequin. Les accusations portées contre la presse périodique sont souvent un malheur et quelquefois un danger pour les gouvernemens accusateurs. Cette réflexion ne trouve ici qu'une trop évidente application. N'est-ce pas un malheur que de ne pas comprendre comment se sont formés les droits pour lesquels on vient demander des vengeances? N'est-ce pas un danger que de se séparer avec tant de violence et si vite de cette liberté de la presse dont on fut si puissamment secondé, et dont on avait promis d'être le protecteur?

Dans la cause des journalistes, Messieurs, vous jugerez peut-être d'une manière plus distincte encore que dans celle de M. de Kergorlay lui-même, ce qu'il y a d'irréfléchi dans l'accusation portée devant vous. Le 26 septembre, M. le comte de Kergorlay se présente au bureau de la *Gazette de France,* et là il demande l'insertion dans la feuille du lendemain d'une lettre signée de lui, et dont il trouve la publicité nécessaire. Qu'est-ce donc que M. le comte de Kergorlay? Serait-ce un homme sans autorité et sans caractère? Non ; c'est un pair de France qui vient, comme c'est son devoir, dire à la nation pour quels motifs il ne croit pas devoir adhérer au gouvernement qui vient de sortir des circonstances et des événemens. Etait-il permis à la *Gazette de France* de supprimer la sentence du juge? pouvait-elle du moins la modifier? Non ; et c'est ici qu'à la place de vagues théories, nous allons donner une idée nette et précise de la situation amenée par les événemens de juillet.

Le 6 août, un député fait à la chambre élective une proposition dont il est assez inutile de signaler l'importance. Comment et par qui les questions que cette proposition renferme seront-elles résolues? Assemblera-t-on les comices? Réunira-t-on, pour obtenir l'assentiment populaire, tous les élémens dont se compose la nation française? la convocation sera-t-elle générale, absolue, sans exception? posera-t-on une barrière? imposera-t-on des conditions à l'exercice du droit électoral? Les députés présens ne l'ont pas pensé : ils ont cru que les trois pouvoirs, dont le gouvernement représentatif se compose, ont, chacun, une existence indépendante.... Je ne développe pas cette pensée, dans laquelle il serait facile de montrer l'un des plus grands avantages de cette nature de gouvernement. Les députés présens ont été convaincus qu'il y avait dans le mandat, dont une confiance récemment exprimée les avait investis, le droit d'exercer la souveraineté nationale. La majorité se prononça, dans la chambre élective, en faveur de la proposition, qui fut adoptée dans la chambre haute. Ainsi la discussion se trouvait terminée.

Mais quoi! les pairs, les députés absens seront-ils privés du droit d'énoncer une opinion, et ce droit ne leur est-il pas au surplus rendu par cette loi du 31 août qui les appelle au serment? C'est comme juge, c'est encore comme dépositaire d'une haute dignité que M. de Kergorlay exprime, dans une lettre adressée au président de la chambre des pairs, les motifs de son refus. Cette lettre, il faut que la nation la connaisse; ce n'est pas moins à la nation qu'à la chambre des pairs elle-même que doit être annoncée la résolution qui prive un corps politique du concours d'un de ses membres. Des raisons devant lesquelles je m'incline n'ont pas permis au président de la chambre de donner à la lettre de M. de Kergorlay la publicité que tant d'autres lettres avaient reçue, et c'est là ce qui explique très-bien la démarche du noble pair auprès des journaux. Cette sentence, ou, si l'on veut, cette résolution, la *Gazette de France* l'a reçue, et c'est ici qu'il faut remarquer que les journalistes se sont montrés de judicieux appréciateurs de la position du pays.

Deux principes sont en présence : la souveraineté populaire et la légitimité, ce droit divin qui n'est cependant autre chose que l'hérédité monarchique. Chacune de ces deux théories doit avoir sa tribune.

Il ne s'agissait pas d'ailleurs d'accueillir une dissertation de droit politique. L'auteur de la lettre, de l'aveu de tous, et la cour vient de le juger par son arrêt de compétence, se trouvait encore dans la plénitude de ses droits. La conduite des journalistes accusés est donc irréprochable.

Le ministère public a classé les Français par cathégories. Les uns sont soumis et silencieux, on leur pardonne, on les tolère; les autres s'attaquent au nouvel ordre établi, par leurs écrits, par leurs publications journalières. A ceux-là guerre à outrance, guerre à mort. Au nom de la liberté, la mort pour des opinions!... Connaissez-vous la nation au milieu de laquelle vous parlez? La mort aux ennemis de la France; mais à nos concitoyens, à nos frères, alors même qu'ils s'égarent; lumière, persuasion, conviction, voilà le seul cri qui soit national, qui soit français!... (Mouvement général d'adhésion.)

Cependant, l'accusation est portée, et en vertu de quelle loi, car il faut des lois pour appuyer une accusation? Une loi seule doit ici tout dominer. Tant que le délai fixé par la loi du 31 août dernier n'était pas écoulé, chacun des membres des deux corps politiques pouvait, sur la foi de son caractère, et sous la garantie même de la loi qui l'interrogeait, énoncer une opinion franche, libre, indépendante, et nécessairement inviolable. Ce droit des députés et des pairs n'était celui d'aucun autre Français; et le délai écoulé, le privilége s'était évanoui pour les corps politiques euxmêmes, qui, pour les opinions émises hors de l'enceinte des chambres, se trouve sous l'empire du droit commun. Le ministère public a donc commis deux erreurs. Il s'est trompé sur le temps et sur le caractère des personnes; il n'a réfléchi ni sur la date de la lettre, ni sur la dignité du signataire. Et quelles lois pénales veut-on interroger? comment s'expliquer le phénomène d'un crime sans intention? se trouver coupable de provocation au renversement d'un gouvernement établi, quand on délibérait, comme on en avait le droit, sur une question politique déférée par la loi même.

7

(5o)

Que les dissidens s'éloignent en silence, a dit le ministère public......, en silence !..... A quelles interprétations
ce mutisme ne va-t-il pas les livrer? Pourquoi ne diraient-
ils pas à la nation qu'ils obéissent à la voix de la conscience,
et qu'ils ne cèdent pas aux conseils de la haine ou de la
pusillanimité. Il entendait bien mieux les droits et les devoirs, le président de la chambre élective, quand il disait,
dans la séance du 11 août, à l'occasion d'une prestation de
serment, « il est convenable de laisser à chacun la liberté
» tout entière de motiver son opinion; » et que l'on y
prenne garde, le droit de motiver n'est rien sans celui de
publier, c'est précisément pour la nation que les explications sont données, c'est là le compte rendu aux mandans,
des motifs qui ne permettent plus au mandataire de se livrer à l'accomplissement du mandat. Ce qui est vrai pour
le député ne l'est pas moins pour le pair de France. Les
origines sont différentes, les devoirs sont les mêmes :
ainsi pas de loi pénale, par l'absence nécessaire de toute
intention qu'il soit possible d'incriminer.

La loi du 17 mai 1819, celle du 24 mars 1822, n'ont
pas été faites pour l'hypothèse actuelle. Dans ces deux lois,
il s'agit d'un gouvernement établi et non pas d'un gouvernement qui se constitue. Et d'ailleurs, dans la lettre
dénoncée, aucun principe monarchique n'est attaqué.
C'est sur la question posée par la loi du 31 août, que porte
la lettre tout entière. Ainsi, l'accusation tombe faute de
lois qui la justifient; elle tombe sans qu'il soit nécessaire
que la cour prononce sur les questions politiques, soulevées par le ministère public, et qui restent complètement
étrangères à l'objet unique du débat. S'il était nécessaire
de transformer une thèse de principe en une question de
bonne foi, combien serait puissante encore la défense des
journalistes. Rappelez-vous, nobles pairs, les paroles
prononcées dans cette enceinte par un illustre orateur (1) ;
rappelez-vous tant de lettres publiées par les journaux,
et qui, en invoquant des principes contraires, n'en ont
pas moins attaqué l'ordre actuel des choses, et demandez-

____

(1) M. le vicomte de Chateaubriand.

vous si les journalistes étaient suffisamment avertis de la nécessité de fermer leurs colonnes à une lettre nouvelle, à celle de M. le comte de Kergorlay.

Il faut le dire, en terminant, l'arrêt qui condamnerait l'honorable vieillesse d'un homme qui, à toutes les époques de sa vie, s'est rendu recommandable par sa franchise et par sa fermeté; l'arrêt qui condamnerait à l'emprisonnement un homme coupable d'avoir, dans l'accomplissement des devoirs de la pairie, cédé à l'impulsion de sa conscience, un tel arrêt ne serait ratifié par personne en France.

Nobles pairs, il convient que vos décisions soient empreintes des vertus de la nation française. La France veut la justice, dans le sens véritable du mot, elle veut protection à tout ce qui est honorable et courageux, elle veut donc l'acquittement de M. le comte de Kergorlay.

M⁰ Berville, *avocat-général*. Messieurs et nobles pairs, est-il bien nécessaire, pour l'accusation, de répondre à la défense que vous avez entendue? Des paroles éloquentes, incisives souvent, peut-être même quelquefois plus qu'incisives, ont été prononcées à cette audience; mais, à l'exception des derniers argumens qui vous ont été présentés, est-ce bien une défense que vous avez entendue? A-t-on voulu se défendre, ou bien a-t-on voulu attaquer? C'est, nobles pairs, ce que déjà vous pouvez apprécier dans vos consciences; c'est ce que déjà la voix de votre président a pu sembler indiquer jusqu'à un certain point. Aussi, cette liberté de la défense, cette liberté si précieuse à laquelle nous nous empressons toujours de rendre hommage; cette liberté respectable, surtout lorsqu'elle se place dans la bouche de l'accusé, vous lui avez rendu le plus éclatant hommage, et vous rendrez aussi au ministère public cette justice qu'il a simpathisé avec vos sentimens; qu'aucune démonstration n'est venue gêner la défense. Aussi, lorsqu'une voix, que nous nous interdisons de contredire, croyait utile à sa défense, d'attaquer la chambre des députés, la chambre des pairs, l'autorité royale et la personne sacrée du Roi, nous avons gardé le silence: nous avons dû le garder, peut-être pourrions-nous le garder encore, car nous ne croyons pas que de telles paroles soient véritablement contagieuses.

Cependant, Messieurs, et nobles pairs, il faut maintenant faire quelque chose de plus.

Chargés de soutenir une chose que nous croyons juste, nous devons vous remettre sous les yeux, non pas tous les élémens qui peuvent s'opposer à l'argumentation de la défense; car nous parlons devant des juges pourvus de lumières supérieures. Nous devons du moins vous présenter ce qu'il y a de plus important dans la cause que vous avez à juger. Sous ce rapport, nous pouvons nous réduire à très-peu de paroles; car, en effet, ne suffit-il pas dans les accusations de ce genre, de lire le texte de la loi, le texte du crime, et de laisser à la conscience du juge de porter un jugement toujours éclairé. C'est par où nous commencerons notre tâche. Quand nous serons là, nous croirons l'avoir totalement remplie.

L'article 4 de la loi du 17 mai 1819 est ainsi conçu :

« Sera réputée provocation au crime, et punie des peines »portées par l'article 2, toute attaque formelle par l'un des »moyens énoncés en l'article 1er, soit contre l'inviolabilité » de la personne du Roi, soit contre l'ordre de successibilité » au trône, soit contre l'autorité constitutionnelle du Roi et »des chambres. »

L'article 9 ajoute :

« Quiconque, par l'un des moyens énoncés en l'art. 1er de »la présente loi, se sera rendu coupable d'offenses envers »la personne du Roi, sera puni d'un emprisonnement qui ne »pourra être de moins de six mois, ni excéder cinq années, »et d'une amende qui ne pourra être au-dessous de cinq »cents francs, ni excéder dix mille francs.

»Le coupable pourra, en outre, être interdit de tout ou »partie des droits mentionnés en l'art. 42 du Code pénal, »pendant un tems égal à celui de l'emprisonnement auquel »il aurait été condamné : ce tems courra à compter du jour »où le coupable aura subi sa peine.»

Maintenant, nobles pairs, il nous reste à vous demander si réellement les délits spécifiés par ces deux articles, se rencontrent dans l'écrit qui vous est déféré. Daignez vous

demander si c'est une attaque contre l'autorité constitutionnelle du Roi que de méconnaître les droits dont le Roi
tient son élection. La réponse n'est pas douteuse, apparemment. Eh bien, nous lisons : « J'ignore en vertu de quels
» droits cette élection et cette Charte se sont faites. » Est-ce
porter atteinte à l'autorité constitutionnelle du Roi que de
traiter l'acte qui l'a nommé acte de violence, et de présager
une tyrannie par suite de cet acte ? La réponse ne me paraît
pas douteuse. Mais poursuivons :

« En prêtant serment à mes rois, j'ai cru le prêter à des
» hommes sujets comme moi-même à l'erreur, et je n'ai pas
» cru que les erreurs qu'ils pourraient commettre me dussent
» délier de mes sermens envers eux, ni envers leurs légi-
» times successeurs ; je n'ai pas cru non plus qu'elles m'au-
» torisassent à concourir à un *acte de violence* qui voudrait
» dépouiller mes concitoyens de la salutaire institution de
» l'hérédité du trône. J'ai toujours considéré cette institution
» comme la seule solide garantie de toutes nos libertés, et
» je refuse de concourir à sa destruction, parce que je suis
» toujours également convaincu que sa destruction ne peut
» que frayer parmi nous la route à toutes les tyrannies. »

Est-ce porter atteinte à l'autorité constitutionnelle du
Roi, que de proclamer un nouveau Roi, et d'élever un
trône contre un trône ? Je m'étonne de vous faire cette
question ; car je serais confondu de faire la réponse. Eh
bien, lisons encore :

« Une fiction constitutionnelle ne permet pas qu'on im-
» pute au Roi les fautes de son gouvernement ; la réalité
» même des choses permet encore bien moins qu'on les
» impute au royal enfant mineur qui est étranger aux actes
» de son aïeul, et qui, par le seul fait de la double abdica-
» tion de S. M. le Roi Charles X et de son auguste fils,
» devint à cet instant même, le 2 août dernier, le Roi à
» qui ma fidélité est engagée. »

Faut-il continuer, et ne me demandez-vous pas d'in-
terrompre cette lecture, dont l'évidence est fâcheuse,
j'ose le dire. Achevons la tâche que uous nous sommes
prescrite. Est-ce porter atteinte à l'autorité constitution-

nelle du Roi, que d'appeler le Roi un sujet, et de traiter de coupable l'acte duquel il tient ses droits :

« Les chambres, sans rien pouvoir alléguer contre le » droit de M. le duc de Bordeaux, ont transféré le 7 du » même mois sa couronne au premier de ses sujets. Je ne » m'associerai point, par un serment, à un acte auquel je » me serais cru coupable de concourir. »

Est-ce enfin, nobles pairs, porter atteinte à l'autorité constitutionnelle du Roi, que de préjuger le retour d'un autre Roi qu'on qualifie de roi légitime. Eh bien ! écoutez :

« J'attendrai donc, avant de prêter serment à une Charte » modifiée, que les modifications qu'y pourraient désirer » les Français apparaissent à leurs vœux sous l'autorité du » Roi légitime. Elevé par sa noble mère dans le sentiment » intime de ses devoirs envers son peuple, l'enfant royal » vivra pour le bonheur de la France et nous sera un jour » rendu. »

Si quelque chose me surprend, nobles pairs, c'est d'être obligé de prouver qu'il y a un délit dans ces paroles, une attaque à l'autorité constitutionnelle du Roi élu par les Français.

Mais maintenant un second édit vous est signalé, l'offense envers la personne du Roi.

Vous savez que toutes ces questions trouvent une facile réponse dans vos consciences éclairées. Je demande si c'est en effet offenser la personne du Roi que se permettre de le déclarer incapable de sauver la France. Voici la réponse :

« A défaut d'aucun droit, on a allégué, en faveur du » Roi qu'ont élu les chambres, que lui seul pouvait sauver » la France ; je pense au contraire qu'il était de tous les » Français le plus incapable de la sauver, parce que, de » tous les Français, il est celui à qui l'usurpation à laquelle » on le convia dût sembler la plus criminelle. »

Nobles pairs, vous avez entendu les pièces, le texte de la loi : jugez.

Nous pourrions, je le répète, croire ici notre tâche à peu près remplie ; cependant une excuse a été invoquée pour la défense. On a dit : M. de Kergorlay était pair de France, il était appelé à prêter serment, il avait le droit de motiver un refus de serment. La réponse est facile. Oui, si M. de Kergorlay se fut borné à monter à votre tribune, ou bien à écrire une lettre qui aurait été lue dans votre séance, et que, dans cette lettre, il eût expliqué ses motifs, nous avouons que l'action du ministère public serait irraisonnable, c'est que vous avez la police de vos séances. Notre juridiction cessait alors devant la vôtre.

Mais est-ce dans de semblables termes que la question se présente ? On ne vient pas à votre séance ; on dédaigne d'y comparaître ; on vous envoie une lettre ; cette lettre n'a pas les honneurs de la lecture ; rendez hommage à cette haute convenance qui a motivé cette mesure de discrétion. Cette lettre n'est pas lue, et cependant elle veut recevoir la publicité des journaux. Etait-ce comme compte rendu de la séance ? Non, à quel titre a-t-elle reçu de la publicité ? c'était évidemment une provocation volontaire, une publication hostilement spontanée. Nous avons recueilli les explications des prévenus eux-mêmes, que cette lettre avait été portée aux deux journaux avant même qu'on connut le résultat de cette séance, peut-être avant qu'elle fût ouverte.

Ce n'est pas un acte de conscience d'un homme qui, se dépouillant d'un pouvoir, dit pourquoi il s'en dépouille ; mais c'était un acte de la presse, aussi la presse reprend tous ses droits.

On élève une autre question. Un pair de France, dit-on, n'avait-il pas ce droit, au moment où s'agitait la question constitutive ; où il s'agissait de savoir quelle légitimité serait préférée, qui on appellerait au trône ; n'avait-il pas ce droit de s'exprimer ? Notre explication résulte d'une simple comparaison des temps. Sans doute que le 7 août dernier, lorsque cette question s'élevait dans la chambre, si M. de Kergorlay eût usé du droit que vous aviez tous, de proclamer ce que vous regardiez comme des vérités ; il aurait été à couvert par l'inviolabilité de la pairie. Sans doute, à cet égard, son opinion pouvait être erronée, elle était inviolable, nul ne pouvait lui en demander raison.

Mais le 7 août passé et un nouveau trône établi, la question était décidée.

Le 25 septembre, il y avait point jugé ; qu'avait-on besoin de ces protestations explicites qui n'étaient pas destinées à retentir seulement dans la chambre ; mais qui, à l'exclusion de cette chambre où elles n'ont pas été lues, devaient retentir dans la France toute entière ?

Sur ce point, on a confondu dans la dernière défense, deux élémens bien distincts. La loi avait, dit-on, accordé un délai pour donner ou refuser le serment ; jusque-là la question était libre ; la question constitutive n'était pas résolue. L'erreur est grave. Jusqu'au 7 août, la question constitutive est restée entière ; ensuite vous avez délibéré ; vous avez rendu la loi sur les serment, non pas pour savoir si l'ordre que vous aviez établi était ou non légitime ; mais pour savoir quels étaient les adhérens et les non-adhérens à l'ordre nouveau ; ceux qui devaient conserver leurs fonctions, ceux qui devaient les abandonner ; ceux qui devaient continuer à jouir du titre auguste de pair de France, et ceux qui, refusant de souscrire de nouveaux engagemens, devaient s'interdire de partager ses travaux.

Cependant, quelques objections s'élèvent encore ; on prétend qu'aucune loi ne peut s'appliquer aux faits que nous avons signalés, que nous poursuivons devant vous. Est-ce en l'absence d'un texte formel, non assurément : nous avons lu ce texte, et, à nos yeux, son applicabilité n'a souffert aucun doute. On dit que la loi de 1819 est une loi abrogée ; quelle est la loi qui l'abroge ? Deux argumens sont présentés : la loi de 1819 aurait été reconnue incomplète, et aurait été suivie de celle de 1822, qui en aurait abrogé les dispositions. Cette assertion est erronée. L'histoire de la législation la contredit formellement. Je suis heureux de parler à des législateurs eux-mêmes. On a fait la loi de 1822 pour compléter la loi de 1819 que l'on croyait incomplète, sous le rapport de la qualification du délit, et sous celui de la pénalité. Y a-t-il quelque chose dans la loi de 1822 d'où l'on puisse conclure l'abrogation de la loi de 1819 ? Et de ce qu'une loi reproduit à-peu-près, dans les mêmes termes, des dispositions existantes dans une loi antérieure, on conclut que la première loi est abrogée !...

On s'arrête peu, il est vrai, à cette argumentation, et l'on insiste beaucoup sur une autre considération. La loi de 1819, dit-on, n'a pas été faite pour vous ; elle ne peut protéger les droits nouveaux, attendu qu'elle a été faite pour protéger les droits anciens.

Dans quelle enceinte, et devant quel tribunal cette argumentation vient-elle se produire ? Dans celle où, il y a dix années, nous fûmes appelés nous-mêmes, et deux des défenseurs habiles qui sont devant nous, pour répondre à une accusation de complot intentée, non pas sans doute en vertu d'une loi faite sous la restauration, mais en vertu du Code pénal de 1810, qui était pour faire protéger, non pas la dynastie des Bourbons, mais la dynastie impériale. (*Me Berryer.* Et la Charte constitutionnelle...)

On me dit qu'il y a eu la Charte constitutionnelle ; n'y a-t-il pas eu une révision de la Charte constitutionnelle ? Peut-on prétendre qu'une loi est abrogée par cela même qu'il y aura un changement de personnes au pouvoir.

Non, nobles pairs, en 1820 vous appliquiez sans scrupule et sans qu'on vînt soulever une pareille difficulté, le code fait dans l'intention de protéger la dynastie impériale. Reconnaissez que la législation est indispensable, que la loi d'ordre public est indépendante des personnes qui se succèdent : les personnes sont immobiles, l'ordre public est immuable.

Il faut ajouter, nobles pairs, à cette argumentation une dernière réfutation. On a prétendu à votre barre que la loi de 1819, et particulièrement son article 4, ne s'appliquait pas aux discussions dans lesquelles il s'agissait de questions de pouvoir constituant. La réponse à cette objection vous a été présentée, je ne pourrais que la reproduire.

Depuis le 8 août il n'y a plus de pouvoir à constituer, il n'y a plus eu une autorité incertaine, mais un pouvoir certain. Il y avait donc une autorité constitutionnelle, telle que l'entend l'article de la loi de 1819.

C'est seulement, dit-on, la loi de 1822 qui est applicable,

parce que celle de 1819 a été reconnue trop peu large.
Pendant trois années la législature s'est donc trouvée désarmée; l'autorité constitutionnelle a donc manqué de protection? non sans doute.

Veuillez relire le texte et vous reporter à ses expressions
si formelles; vous y reconnaîtrez que la loi de 1819 était
insuffisante en ce point, puisque celle de 1822 venant
après, n'a que reproduit les dispositions de cette loi.

C'est ici que notre tâche devient plus étendue, et pa-
raîtrait pourtant moins impérieusement commandée par
une nécessité; car ici ce n'est plus le fond de la défense
que nous avons à combattre, c'est une question politique
qui nous est opposée; ce n'est plus l'accusé venant se dé-
battre contre l'accusation, c'est un parti politique venant
planter son étendard dans cette enceinte et venant porter
des attaques au principe qui l'a renversé. Ce n'est pas de
la politique que nous faisons; nous nous refusons de mettre
en question les droits de l'autorité qui nous gouverne, du
prince qui nous régit. Nous n'avons pas à nous en inquiéter;
c'est une chose jugée et jugée par vous-mêmes.

Puisqu'on nous mène sur ce terrain, on pourrait
prendre pour de la timidité le refus d'y comparaître. Je
vais donc toucher les principales questions politiques
qu'on a cru devoir agiter, sur lesquelles on s'est flatté
de quelques avantages, non dans cette enceinte, mais hors
de cette enceinte, pour qu'il ne soit pas dit que la partie
publique soit restée sans réponse devant les attaques qui
ont été dirigées contre elle : qu'elle fait un procès à des
opinions. Nous ne craignons pas de répondre. Ce n'est pas
cependant la tâche qu'elle se proposait de remplir en pa-
raissant à cette chambre.

Tout ceci, nobles pairs, se réduit à cette question, que
je suis honteux de faire devant vous.

Le pouvoir actuel est-il légitime? Y a-t-il une légitimité aujourd'hui à la tête de l'ordre social? Questions
singulières, étranges, questions qu'il est surprenant de se
faire, auxquelles il est peut-être étonnant d'avoir à répondre. Eh bien, voilà quelle sera notre première réponse :
Jugez comme jury, nobles pairs: vous tous avez porté ici
une conscience pure et des lumières élevées; vous tous

avez épuisé les questions d'ordre social; vous tous en êtes les premiers juges; soyez jurés, interrogez vos lumières; daignez descendre dans vos consciences, et répondez vous-mêmes dans le verdict que vous êtes appelés à prononcer : La monarchie actuelle est-elle légitime? le pouvoir actuel a-t-il pour lui une légitimité?

Voilà un jugement dont nous n'appellerons pas, et dont nous déclarerons avec confiance la loyauté et la sincérité.

Mais quelle est cette légitimité qu'on veut opposer; quelle est cet abstraction qu'on veut invoquer en faveur de ce qui si justement a cessé d'être ? Est-ce la légitimité du parjure et de la mitraille, qu'on mettrait au-dessus de la légitimité de la justice ? Daignez, nobles pairs, faire rétrograder de quelques mois vos souvenirs. Supposez que dans cette enceinte, au 29 juillet, au moment même ou étaient affichées sur toutes les murailles les ordonnances violatrices du pacte social, où cette violation était flagrante encore, au moment où ruisselait déjà dans les rues le sang des citoyens égorgés en défendant les lois; au moment même où vos maisons, vos édifices publics, vos temples portaient la marque des balles, des boulets lancés par la force armée, pour protéger la violation, le déchirement d'une Charte octroyée et jurée ; supposez que ce jour là même on fût venu vous parler de légitimité, des droits résultant de la naissance, de l'hérédité qui devaient prévaloir sur l'indignation de tout un peuple, sur son sang versé, sur ses lois déchirées, quelle aurait été la réponse? Faut-il la faire? Faut-il aller au-devant de ce que vous répondez vous-mêmes.

Ah! nobles pairs, sans la faire cette réponse, et en la supposant comme nous ne craignons pas de la supposer, reconnaissant que ce qui est écrit dans tous les cœurs, c'est qu'il existe quelque chose avant toutes les légitimités du monde, avant celle même, nous ne craignons pas de le dire, du vœu national, avant la souveraineté d'une nation sur elle-même; c'est la légitimité de la justice, celle du droit, de la morale, de la vérité, de la raison, de la bonne foi.

La France, il faut le dire, nobles pairs, ne s'est pas

décidée facilement à briser ce principe d'hérédité, ce principe respectable dans les temps ordinaires, ce principe que, sans doute, il ne faut pas légèrement méconnaître, qui ne doit cesser que dans les cas extrêmes et lorsque se fait entendre la voix impérieuse d'un principe encore plus puissant. Pendant quinze ans que n'a-t-elle pas souffert, que n'a-t-elle pas enduré ? faut-il vous le rappeler ? faut-il faire de l'histoire dans cette enceinte ? Vous la savez trop bien; vous l'avez vue se passer devant vos yeux. Il vous souvient que vous-mêmes avez vu les élémens d'une courageuse résistance, que bien des mesures criminelles vinrent échouer devant vous, et ne sortirent de votre enceinte que pour se convertir en mesures de bien public. Il vous en souvient, nous n'avons rien à ajouter.

Ce n'est pas à la France qu'on reprochera d'avoir brisé le principe de légitimité, d'avoir donné un exemple dangereux pour l'avenir. Ce sont des hommes qui, après avoir brisé la légalité, viennent l'invoquer, aujourd'hui qu'ils sont battus. Etrange prétention que celle de ces hommes qui, après avoir violé la loi jurée par le maître, fait un appel violent à la force, s'indignent aujourd'hui que la force ait triomphé d'eux.

S'il existe ce si grand amour de la légalité, de la légitimité si sacrée, pourquoi donc briser cette Charte qu'on avait jurée, dans laquelle le pouvoir ne pouvait pas se plaindre que sa part fut trop petite; car il se l'était faite à lui-même ? Si la violence était si loin de leur cœur, pourquoi les journées des 27, 28 et 29 juillet ? pourquoi ces troupes dans Paris, cette mousqueterie, ces baïonnettes, ces mandats d'arrêts contre les journalistes ?

Je n'ai rien à ajouter ; la raison me semble ici dans tous les cœurs. Qu'elle sorte de toutes les consciences; nous respectons toutes les convictions, nous avons égard à toutes les affections. Nous ne trouvons en nous que cet amour pour ce qui a été fait d'après des provocations si violentes, si obstinées; après des avertissemens légaux, souvent réitérés.

Mais, dit-on, ce ne sont pas des provocations; ce sont de simples vœux. M. de Kergorlay n'invoque pas le changement de dynastie; il jette au ciel ses espérances; c'est le mot qu'on a cru pouvoir employer. Mais, s'il jette au ciel ses espérances, pourquoi les fait-il donc imprimer dans deux journaux? Nul ne reviendra reprocher de nourrir dans son cœur de tels sentimens. Que M. de Kergorlay fût l'ennemi le plus acharné des opinions que nous reconnaissons comme légitimes, qu'il les combatte dans son âme, dans ses paroles, dans des entretiens, dans des salons, à cette tribune même, lorsqu'il était pair de France, qui songerait à les lui reprocher? Mais pourquoi publier cette espérance? Ce n'est plus un vœu secret, c'est une provocation.

On nous demande aujourd'hui, tantôt implicitement, tantôt explicitement, en paroles tantôt ménagées, tantôt vives, à quel titre Louis-Philippe est le roi des Français? Si nous n'avions pas pour répondre ce principe tiré du vœu de toutes les nations, cet autre principe tiré de la nécessité, de la justice, de la convenance, nous aurions d'autres titres qu'apparemment M. de Kergorlay et ses défenseurs ne révoqueraient pas. Ce sont ceux de Brunswick sur le trône d'Angleterre, de Hugues Capet, de Pépin; mais ce n'était pas son seul titre. Pepin, Hugues et Guillaume d'Orange, ont fait la guerre aux dynasties qu'ils ont détruites; Louis-Philippe a-t-il jamais fait la guerre à la dynastie à laquelle il succède? Non. Tranquille dans la capitale, il a attendu que les élus de la nation vinssent le chercher, pour le conduire en quelque façon de force sur le trône. Reconnaissez donc ce titre consacré par le droit public des nations, par les exemples des précédens tirés de toutes les dynasties, confirmé par l'utilité nationale, confirmé à Paris par un vœu général, et en province par des adhésions que n'a pas arrachées la crainte de la guerre civile.

Pardonnez-moi, nobles pairs, d'être entré dans cette discussion que votre haute sagesse et vos vives lumières auraient pu nous épargner.

Il ne nous reste plus qu'à vous occuper d'une dernière argumentation insérée dans la lettre de M. de Kergorlay, et reproduite, au moins comme insinuation, dans le discours de la défense. On nous a dit: Soit, le monarque était coupable, il était responsable; mais son petit-fils était

innocent : pourquoi ne pas consacrer en faveur de ce dernier la double abdication de Charles X et de Louis-Antoine ?
Vous remarquerez que cette argumentation, en reconnaissant qu'elle a besoin d'invoquer l'innocence de Henri V pour
réclamer son droit au trône, reconnaît que la nation française a dû décider qu'elle était compétente pour le renversement de ce même trône. Cette prétention, poussée dans
ses dernières conséquences, arriverait jusqu'à faire regarder comme nulle et non avenue l'abdication de Charles X
et de son fils.

En effet, dans notre droit public, une abdication n'a de
valeur qu'autant qu'elle est volontaire; elle est donc nulle
en présence d'une insurrection. Nous avons pour nous
l'exemple d'un peuple voisin, pour lequel nous avons
versé nos trésors et notre sang. Eh bien ! ne pourrait-on
pas venir, une fois Henri sur le trône, méconnaître même
son pouvoir, le faire remonter à sa source; déclarer nulle
l'abdication de son aïeul, et faire remonter sur le trône
celui que les vœux de la France en ont chassé.

Voilà ce qui nous reste à dire sur l'accusation principale.
M. de Kergorlay invoque sa position; c'est à vous que s'en
remettent, à cet égard, et l'accusation et la défense.
Vous êtes arbitres souverains, les plus paternels de tous
les arbitres. Décidez, dans votre conscience, de l'application de la peine, la partie publique ne murmurera pas du
jugement que vous aurez rendu. Il en est de même à
l'égard des journaux; ils invoquent leur bonne foi; c'est à
vous de voir si cette bonne foi était possible, ou si au
contraire les antécédens de ces journaux, cette circonstance que la lettre était publiée avant que le résultat de
votre séance fût connu, ne repoussent pas l'excuse de
bonne foi.

Nulle insistance ne sera faite de notre part. Si vous
croyez à la bonne foi, nous ne refuserons pas d'y croire.

Un seul mot peut finir cette discussion, déjà peut-être
trop étendue.

Sans nous réfugier dans des prétextes, dans des subtilités de paroles, reconnaissons-le, dans cette cause une
question s'établit, et n'a pas toujours été en parole, mais

elle a toujours été dans les pensées; c'est la dynastie dé-
chue que l'on oppose à la dynastie nouvelle. Eh bien! nobles pairs, nous reviendrons à ce que nous avons exprimé
au commencement de ce discours : vous êtes les plus hauts
et les plus éclairés des jurés. En entrant dans la chambre
de délibération, vous avez à décider lequel des deux ordres de choses, de celui que la nation a renversé ou de
celui qu'elle a élevé, a la légitimité pour lui. Le ministère
public attend avec respect votre décision.

(On entend ensuite les répliques de Me Berryer et de
Me Hennequin.)

Les débats étant terminés, l'audience est levée à sept
heures et demie, et la délibération de la cour remise à
demain.

Audience du 24 novembre.

La cour est restée en délibération depuis midi jusqu'à cinq heures.

Elle est alors rentrée en audience publique.

MM. les pairs ayant pris place, M. le procureur - général et M. l'avocat-général introduits, MM. le comte de Kergorlay, Genoude et Lubis se tiennent debout à la barre.

M. *le président* donne lecture de l'arrêt dont la teneur suit :

« La cour des pairs ;

» Vu l'ordonnance du Roi, en date du 9 de ce mois, portant convocation de la cour;

» Vu l'arrêt en date du 22 de ce mois, par lequel la cour s'est déclarée compétente pour statuer sur le procès suivi contre le comte de Kergorlay, de Brian, Genoude et Lubis ;

» Vu la lettre signée le comte Florian de Kergorlay, pair de France, en date du 23 septembre, ladite lettre insérée dans la *Quotidienne* du 25 , et dans la *Gazette de France* du 27 du même mois ;

» Ouï le procureur-général du Roi, en ses dires et réquisitions , lesdites réquisitions ainsi conçues :

» Vu la lettre signée comte Florian de Kergorlay, pair de France, insérée dans le numéro du journal dit la *Quotidienne*, du 25 septembre 1830 , et dans celui de la *Gazette de France*, du 27 de ce mois ;

» Vu le réquisitoire de M. le procureur du Roi près le tribunal civil du département de la Seine, portant que, par la publication de cette lettre, M. de Kergorlay, de Brian, gérant de la *Quotidienne,* Genoude et Lubis de la *Gazette de France,* se sont rendus coupables du délit d'excitation au mépris et à la haine du gouvernement du Roi des Français;

» Vu l'arrêt de la cour royale de Paris, du 5 de ce mois de novembre, portant que les tribunaux ordinaires sont incompétens, et qui renvoie la cause devant qui de droit;

» Vu l'article 29 de la Charte constitutionnelle, qui dispose qu'aucun pair ne peut être arrêté que de l'autorité de la chambre, et jugé que par elle en matière criminelle;

» Vu l'ordonnance royale du 9 du présent mois, qui convoque la cour des pairs;

» Attendu qu'à la date de la publication de sa lettre, comme à celle où ont commencé les poursuites judiciaires, M. de Kergorlay était pair de France, et que ce n'est que depuis cette époque qu'il a cessé de faire partie de la chambre;

» Nous requérons qu'il plaise à la cour se déclarer compétente; en conséquence, faisant droit sur nos plaintes et réquisitions;

» Vu les articles 1, 2, 4 et 6 de la loi du 17 mai 1819, 4 de la loi du 25 mai 1822;

» En ce qui touche M. Florian de Kergorlay, ancien pair de France,

» Attendu que par sa lettre ci-dessus datée, il s'est rendu coupable d'attaques à l'autorité constitutionnelle du Roi, d'excitation au mépris et à la haine de son gouvernement, ainsi que de provocation à la désobéissance aux lois,

» Le condamner, conformément aux articles 2 et 4 de la loi du 17 mai 1819, en deux années d'emprisonnement et 6,000 fr. d'amende.

» En ce qui touche les sieurs de Brian, gérant de la *Quotidienne,* et Genoude, gérant de la *Gazette de France,*

» Vu les articles ci-dessus cités des lois des 17 mai 1819 et 25 mars 1822;

» Vu l'article 8 de la loi du 18 juillet 1828, portant que

les signataires de chaque feuille (périodique), seront responsables de son contenu et passibles de toutes les peines
portées par la loi, à raison de la publication des articles ou
passages incriminés, sans préjudice de la poursuite contre
l'auteur desdits articles comme complice;

» Vu également l'article 14 de la même loi du 18 juillet
1828, portant que les amendes qui auront été encourues
pour délits de publication par la voie d'un journal, ne seront jamais moindres du double du minimum fixé par les
lois relatives à la répression des délits de la presse ;

» Condamner les sieurs de Brian, de Genoude, chacun
en une année d'emprisonnemet et en une amende, savoir : le sieur de Brian, de 6,000 fr., et les sieurs Genoude
et Lubis, ensemble, de pareille somme de 6,000 fr.;

» Les condamner tous aux frais du procès.

» Ouï pareillement le comte de Kergorlay, de Brian, Genoude et Lubis, en personne à l'audience, et par l'organe
de leurs conseils ;

» Après en avoir délibéré ;

» En ce qui touche le comte de Kergorlay :

» Considérant qu'il résulte des pièces du procès et des
débats, que c'est par sa volonté que la lettre signée de
lui, datée du 23 septembre, et dont il se reconnaît l'auteur, a été insérée dans la *Quotidienne* et dans la *Gazette
de France* ;

» Considérant que ladite lettre, dans son ensemble, et
notamment dans le passage commençant par ces mots : *à
défaut d'aucun droit*, et finissant par ceux-ci : *nous sera un
jour rendu*, contient excitation à la haine et au mépris du
gouvernement du Roi, et offense à la personne du Roi.

» En ce qui touche de Brian et Genoude :

» Considérant que, par l'insertion de la lettre sus-énon-
cée dans la *Quotidienne* du 25, et dans la *Gazette de France*
du 27, lesdits de Brian et Genoude se sont également
rendus coupables d'excitation à la haine et au mépris
du gouvernement du Roi, et d'offense envers la personne
du Roi ;

» Qu'ainsi le comte de Kergorlay, de Brian et Genoude
se sont rendus coupables des délits prévus par les art. 4 de

la loi du 25 mars 1822 , et 9 de la loi du 17 mai 1819 ;
lesquels sont ainsi conçus :

Art. 4 de la loi du 25 mars 1822.

« Quiconque, par l'un des mêmes moyens, aura excité
» à la haine ou au mépris du gouvernement du Roi sera
» puni d'un emprisonnement d'un mois à quatre ans, et
» d'une amende de cent-cinquante francs à cinq mille
» francs.

» La présente disposition ne peut pas porter atteinte
» au droit de discussion, et de censure des actes des minis-
» tres. »

Art. 9 de la loi du 17 mai 1819.

« Quiconque, par l'un des moyens énoncés en l'article
» 1er de la présente loi, se sera rendu coupable d'offenses
» envers la personne du Roi, sera puni d'un emprisonne-
» ment qui ne pourra être de moins de six mois, ni excéder
» cinq années, et d'une amende qui ne pourra être au-
» dessous de cinq cents francs, ni excéder dix mille francs.

» Le coupable pourra être en outre interdit de tout ou
» partie des droits mentionnés en l'article 42 du Code pé-
» nal pendant un temps égal à celui de l'emprisonnement
» auquel il aura été condamné. Ce temps courra à compter
» du jour où le coupable aura subi sa peine. »

Considérant aussi qu'il existe à l'égard de de Brian et
Genoude des circonstances atténuantes,

» Condamne le comte de Kergorlay à la peine de six
mois d'emprisonnement et de cinq cents francs d'amende.

» De Brian et Genoude chacun en la peine d'un mois
d'emprisonnement et de cent cinquante francs d'amende.

» Les condamne solidairement aux frais du procès.

» En ce qui touche Lubis,

Considérant qu'il résulte des débats qu'il n'a pas parti-
cipé à la publication de la lettre insérée dans la *Gazette de
France*,

» Le renvoie des fins de la plainte.

» Ordonne que le présent arrêt sera exécuté à la dili-
gence du procureur-général du Roi. »

MOTIFS

Du vote négatif de Louis-Florian-Paul de Kergorlay, sur l'acte intitulé : Acte additionnel aux constitutions de l'empire, en date du 22 avril 1815.

Je crois devoir à mes concitoyens, et je me dois certainement à moi-même, de leur rendre compte du motif qui m'a déterminé à voter contre l'acceptation de l'acte intitulé : *Acte additionnel aux constitutions de l'empire*, en date du 22 avril 1815 (1).

Ce motif est que l'art. 67 de cet acte est attentatoire à la liberté des citoyens français, en ce qu'il prétend leur interdire l'exercice du droit de proposer le rétablissement de la dynastie des Bourbons sur le trône. Je suis forcé de protester contre cet article, parce que je suis convaincu que le rétablissement de cette dynastie sur le trône est le seul moyen de rendre le bonheur aux Français. L'expérience que nous venons de faire du bonheur-pratique dont a joui la France pendant la restauration, n'a pu laisser à personne aucun doute à cet égard, et l'unanimité du vœu national en faveur de Louis le *regretté*, est pleinement confirmée par le soin qu'ont pris les auteurs de l'article que je réprouve d'interdire la manifestation de cet unanime vœu. La confusion combinée qu'ils ont mise dans cet article, en y mêlant divers fantômes impopulaires qui n'ont aucun rapport avec le rétablissement de la dynastie des

______

(1) J'ai voté *négativement* aujourd'hui au secrétariat-général de la préfecture de police, et j'y ai motivé mon vote par les deux premières phrases qui suivent, et dont le présent écrit n'est que le développement.

Bourbons, est une preuve de plus de l'évidence du désir général de la nation ; ce n'est que faute d'objets réels qu'on évoque des fantômes ; et le plus magnifique éloge qu'on puisse faire des *actes* d'un gouvernement, est de se voir réduit à reconnaître que le seul moyen de le dépopulariser est de lui supposer des *intentions*.

Je dois protester aussi contre l'art. 6 du décret du même jour, portant que *l'acte additionnel aux constitutions sera envoyé à l'acceptation des armées.* Il est contraire aux principes admis chez toutes les nations civilisées d'envoyer des actes constitutionnels à l'acceptation des armées. Chez tous les peuples libres, chez tous les peuples qui ont le sentiment de leur dignité, les armées sont des corps destinés, non à voter sur les constitutions, mais à obéir à la volonté nationale. Aussitôt qu'une nation souffre que ses armées votent, elle se soumet au pire des esclavages.

Cet esclavage se décèle assez dans l'art. 5 d'un deuxième décret du même jour. Cet article ne dit pas que, suivant que le recensement général des votes sera favorable ou contraire à l'acte additionnel aux constitutions, cet acte sera promulgé ou ne sera pas promulgué ; mais il dit que le résultat du recensement général des votes sera proclamé, et que l'acte additionnel aux constitutions sera promulgué. Cette étrange certitude du succès est un langage assez clair, ce me semble, et chacun de nous peut l'entendre. Peut-on dire plus clairement : *Votez, grande nation; mais en votant, conformez-vous à l'injonction qui vous est donnée ; votez non en hommes libres, mais en sujets soumis ; votez, mais n'oubliez pas que le vœu de l'armée étant connu d'avance, il faut bien que la nation fléchisse devant les baïonnettes.*

Quant à moi je n'ai point encore appris à prendre les baïonnettes pour règle de ma conscience.

L.-F.-P. DE KERGORLAY.

MOTIFS

DU REFUS DE SERMENTS

DES PAIRS ET DÉPUTÉS

A LOUIS - PHILIPPE D'ORLÉANS.

Du 8 Août.

M. Hyde de Neuville. J'ai peu de paroles à adresser à la chambre, mais je suis profondément ému pour ne pas solliciter de vous, Messieurs, un moment d'attention et de silence.

Je commence par déclarer que je n'entends juger personne; je sais qu'en politique comme en religion, les consciences ne sont pas toutes soumises aux mêmes influences, aux mêmes impressions, et qu'ainsi des hommes voulant, cherchant également le bien, peuvent sans faillir, (au moins devant Dieu), suivre des directions opposées.

Que chacun de nous consulte sa conscience. — La mienne seule est mon guide : si donc, Messieurs, vous ne partagez par tous mes sentimens, aucun de vous, j'aime à le croire, ne me refusera son estime.

J'ai fait tout ce qu'un homme de cœur et d'honneur, tout ce qu'un bon Français pouvait faire pour éviter à sa patrie d'épouvantables calamités.

J'ai été fidèle à mes sermens comme à mes affections, et certes, je n'ai jamais trompé cette royale famille, que de faux amis, des insensés, des êtres bien perfides, bien coupables, viennent de précipiter dans l'âbîme.

Messieurs, je n'ai point trahi la fortune de ceux que j'ai servi depuis mon enfance avec un zèle que rien n'a pu décourager, je ne trahirai pas leur malheur, ce serait trahir ma vie et me déshonorer à vos propres yeux, c'est vous dire, Messieurs, que lors même que je pourrais croire que j'ai mission de briser un trône et de faire un Roi, je laisserais à d'autres le soin de fixer par d'aussi grands changemens les nouvelles destinées de la France. — Mais, Messieurs, je ne me reconnois pas un tel droit; je ne puis donc que repousser la souveraineté dangereuse que votre commission m'appelle à exercer.

Je crois en outre, Messieurs, que la mesure que vous allez prendre est bien grande, qu'elle aurait dû dans l'intérêt même de ces libertés nationales que je chéris, et dont je fus toujours le défenseur, être soumise à un examen plus long, plus approfondi du patriotisme et de la raison. Je crois qu'il peut y avoir péril à vouloir fonder l'avenir, tout l'avenir d'un peuple et surtout d'un grand peuple sur les impressions et les préventions du moment. Mais enfin, je n'ai pas reçu du ciel le pouvoir d'arrêter la foudre, je ne puis rien contre un torrent qui déborde, je n'opposerai donc à ces actes que je ne puis seconder, approuver, que mon silence et ma douleur.

Je ne finirai point, Messieurs, sans adresser au ciel des vœux ardens pour le repos, le bonheur et les libertés de ma patrie. Dieu sait si ces vœux sont sincères. (Nombreux applaudissemens.)

M. DE CONNY (député.) Dans les circonstances terribes où nous sommes placés, la liberté des délibérations est une loi plus sacrée encore, je l'invoquai toujours, et lorsque de nos bancs déserts s'élèvent à peine quelques voix, vous ne refuserez pas de nous entendre.

Je me présente à la tribune, pressé par le cri de ma conscience, le silence serait une lâcheté; n'attendez pas de moi de longs discours; les devoirs que nous devons remplir sont tracés avec une trop vive clarté.

L'ordre social est ébranlé jusqu'en ses fondemens, ces mouvemens tumultueux qui suspendent tout-à-coup l'action des pouvoirs légitimes institués pour établir l'ordre dans la société, sont des époques de calamités qui exercent sur la destinée des nations la plus funeste influence; long-temps prévus à l'avance par l'observateur attentif, ils deviennent aux yeux de tous, dans ces jours de douleur et d'effroi, l'expression matérielle de cette anarchie morale qui existait au cœur de la société.

L'inexorable histoire s'élevant au-dessus des passions contemporaines, imprime à ces jours lamentables le caractère qu'ils doivent avoir. Et le cri de la conscience humaine s'élève pour consacrer cette vérité éternelle : *La force ne constitue aucun droit.*

En ces temps de trouble on invoque la liberté ; mais l'expression de la pensée a cessé d'être libre ; la liberté est baillonnée par ces cris sanglans qui portent l'effroi de toutes parts ; il y a alors oppression et j'ajouterai même la pire de toutes, car elle s'exerce au nom de la liberté, elle est empreinte d'un caractère d'hypocrisie et de fureur.

Vous ne vous laisserez point subjuguer par les cris qui retentissent autour de nous ; les hommes d'état restent calmes au milieu des périls et lorsque des voix confuses appellent au trône le fils de Napoléon, invoquent la république ou proclament le duc d'Orléans, inébranlables dans vos devoirs, vous vous rappellerez vos sermens et vous reconnaîtrez les droits sacrés de l'enfant royal qu'après tant de malheurs la Providence a donné à la France.

Les cris de la conscience parlent plus haut que ces voix tumultueuses qui retentissent autour de nous, pensez au jugement de l'avenir, il serait terrible ; vous ne voudrez point qu'un jour l'histoire puisse dire de nous : *ils furent infidèles à leurs sermens.*

L'Europe nous regarde ; trop long-temps nous lui donnâmes le spectacle de la plus étrange mobilité ; trop long-temps nous changeâmes de partis aussi souvent que la victoire changeait de drapeau ; ramenés par le malheur à la vérité, restons calmes au milieu de tant de passions soulevées, et couvrons de nos respects et de nos larmes de grandes et royales infortunes.

Dynastie sacrée, recevez nos hommages ! auguste fille des Rois, que tant de cris d'amour reçurent en France, sur la terre d'exil que vous revoyez encore, puisse notre douleur rendre plus légère tant de peine et tant de malheurs !

En restant fidèles à vos devoirs, Messieurs, vous épargnerez à notre patrie tout ce que l'usurpation traîne après elle de calamités et de crimes.

Fixant d'un œil inquiet les destinées de la France, je vois, Messieurs, le double fléau de la guerre civile et de la guerre étrangère, menacer notre pays, je vois la liberté disparaître sans retour, je vois le sang français couler, et ce sang retomberait sur nos têtes.

La consécration du principe de la légitimité, de ce principe reconnu par la Charte, peut seule préserver notre pays du plus redoutable avenir; ce principe sacré je l'invoque dans la tempête comme je l'invoquai en des jours plus heureux; c'est là qu'est l'ancre de salut. L'Europe tout entière est menacée d'un vaste embrâsement si nous oublions la sainteté de nos sermens, et nos sermens sont écrits dans la Charte.

Rappelons-nous-le, Messieurs, la France est enchaînée par ses sermens; ses sermens la lient au trône où doit monter celui que deux abdications y appellent; nulle puissance n'a le droit de nous délier de ces sermens; l'armée, toujours fidèle, toujours française, inclinera ses armes devant son jeune Roi. J'en atteste l'honneur national, ne donnons point au monde le scandale du parjure. En présence des droits sacrés du duc de Bordeaux, l'acte qui élèverait au trône le duc d'Orléans serait la violation de toutes les lois humaines.

Député de mon pays, c'est devant Dieu qui nous jugera que, me rappelant mes sermens, je viens d'exprimer la vérité tout entière; j'aurais perdu l'estime de mes adversaires si, dans les périls qui nous environnent, j'avais pu garder le silence. Les sentimens qui m'animent, je les proclame à la face du ciel, je les exprimerais à la bouche du canon. En descendant de cette tribune, j'ai besoin d'exprimer le vœu le plus ardent de mon âme: puisse la Providence éloigner de notre pays les malheurs qui le menacent! Puisse cette France si chère à nos cœurs revoir enfin des jours plus heureux.

Si le principe de la légitimité n'était point reconnu par la chambre, je dois déclarer que je n'ai pas le droit de participer aux délibérations qui vous sont soumises.

M. DE LÉZARDIÈRE (député.) Avant que d'être nommé député, j'ai fait, dans le collége électoral dont j'étais membre, le serment d'être fidèle au Roi et d'obéir à la Charte constitutionnelle; les électeurs qui m'ont honoré de de leurs suffrages se sont liés par le même engagement. J'interroge ma conscience, elle me défend d'intervertir mon mandat. Je juge de sang froid ce qui s'est passé : de grands crimes ont été commis; les indignes conseillers de la couronne ont, le 25 juillet, légitimé peut-être les évènemens qui ont suivi cette journée. J'applaudis de tout mon cœur aux mesures par lesquelles l'ordre a été maintenu. Comme tous les bons Français , je paie un juste tribut de reconnaissance au prince Lieutenant-Général et à l'intervention tutélaire qui a concouru à maintenir la tranquillité étonnante dont nous jouissons; mais je ne puis aller plus loin; je ne me crois pas autorisé à renverser des lois que j'ai juré d'observer, à détruire l'ordre de la société sous l'empire duquel nous avons été envoyés dans cette enceinte.

Je crois que la France est menacée d'interminables malheurs, si le droit de détrôner le Roi, de changer la forme du gouvernement établi devient notre droit public. C'est une désorganisation sociale.

Telle est ma conviction bien arrêtée. J'en ai cru devoir la manifestation à la chambre et à la France. Des hommes que j'estime et que j'aime jugent autrement; ils croient à la force des choses un pouvoir que je dénie. Je respecte la franchise de leurs opinions, j'oserai dire que je mérite que l'on croie à la mienne. On m'a vu combattre ici toutes les tentatives du pouvoir contre les libertés du pays : je n'ai connu du pouvoir que les disgrâces.

J'ai entendu parler de dangers qui pouvaient suivre la manifestation de ma pensée (dénégations à gauche); si j'y avais cru je n'en serais pas moins monté à cette tribune; mais l'expression consciencieuse d'une opinion ne peut jamais avoir aucun danger au milieu d'un peuple dont la modération et la sagesse m'ont paru aussi admirables que son courage a été héroïque.

Je vote contre la proposition.

M. Pas de Beaulieu (député.) L'amour sacré de la patrie. . . . . (Rires à gauche.) L'amour sacré de la patrie, devant lequel doivent fléchir toutes les affections, m'inspire aussi la pensée que, dans la position critique où se trouve la France, nul homme plus que le duc d'Orléans n'est en état de la sauver, mais aussi c'est avec regrét que je vous dirai qu'il ne m'est pas permis de prendre part aux délibérations qui vont avoir lieu, car je n'ai pas reçu un semblable mandat de mes commettans.

Du 11 Août.

Le noble pair (*M. le vicomte de Châteaubriand*) avant de s'expliquer au fonds, croit devoir soumettre à la chambre une question en quelque sorte préjudicielle. Déjà et avant que la déclaration sur laquelle la chambre s'apprête à délibérer lui fut apportée, l'autre chambre s'est transportée au palais du Prince Lieutenant-Général pour la lui présenter. Que reste-t-il donc à faire et quel rôle la pairie est-elle appelée à jouer? Lorsque tout est consommé, est-il de sa dignité de délibérer encore? Et quel pourrait être le résultat d'un vote que l'on ne lui demande pas et que l'on n'a point attendu? Ou la résolution de l'autre chambre est illégalement prise, et alors la chambre des pairs ne peut s'en occuper, ou elle avait un caractère légal pour la prendre, et dès qu'elle n'a pas consulté la chambre des pairs, celle-ci n'a rien à répondre. Le noble pair pense donc qu'au milieu d'un pareil oubli de toutes les formes, la chambre n'aurait d'autre parti à prendre que de se séparer et d'attendre. Il demande qu'avant tout elle se prononce à cet égard.

L'auteur de l'observation (*M. le vicomte de Châteaubriand*) déclare qu'il est prêt à prendre la parole. Il s'exprime en ces termes:

« Messieurs, la déclaration apportée à cette chambre, est beaucoup moins compliquée pour moi que pour ceux de MM. les pairs qui professent une opinion différente de la mienne. Un fait, dans cette déclaration, domine à mes yeux tous les autres, ou plutôt les détruit. Si nous étions dans un ordre de choses régulier, j'examinerais sans doute avec soin les changemens qu'on prétend opérer dans la Charte, plusieurs de ces changemens ont été par moi-même proposés : je m'étonne seulement qu'on ait pu entretenir cette chambre de la mesure réactionnaire touchant les pairs de la création de Charles X. Je ne suis pas suspect de faiblesse pour les *fournées*, et vous savez que j'en ai combattu même la menace ; mais nous rendre les juges de nos collègues, mais rayer du tableau des pairs qui l'on voudra, toutes les fois que l'on sera le plus fort, cela ressemble trop à la proscription. Veut-on détruire la pairie ? Soit : mieux vaut perdre la vie que de la demander.

» Je me reproche déjà ce peu de mots sur un détail qui, tout important qu'il est, disparaît dans la grandeur de l'événement : la France est sans direction, et j'irais m'occuper de ce qu'il faut ajouter ou retrancher aux mâts d'un navire dont le gouvernail est arraché ! J'écarte donc de la déclaration de la chambre élective tout ce qui est d'un intérêt secondaire, et m'en tenant au seul fait énoncé de la vacance vraie ou prétendue du trône, je marche droit au but.

» Une question préalable doit être traitée : si le trône est vacant, nous sommes libres de choisir la forme de notre gouvernement.

» Avant d'offrir la couronne à un individu quelconque, il est bon de savoir dans quelle espèce d'ordre politique, nous constituerons l'ordre social. Etablirons-nous une république ou une monarchie nouvelle ?

» Une république ou une monarchie nouvelle offre-t-elle à la France des garanties suffisantes de durée, de force et de repos ?

» Une république aurait d'abord contre elle les souvenirs de la république même. Ces souvenirs ne sont nullement effacés ; on n'a pas oublié le temps où la mort, entre la liberté et l'égalité, marchait appuyée sur leurs bras. Quand vous seriez tombés dans une nouvelle anarchie, pourriez-vous réveiller sur son rocher l'Hercule qui fut seul capable d'étouffer le monstre ? De ces hommes fastiques, il y en a cinq ou six dans l'histoire : dans quelque

mille ans, votre postérité pourra voir un autre Napoléon ;
quant à vous, ne l'attendez pas.

» Ensuite dans l'état de nos mœurs et dans nos rapports
avec les gouvernemens qui nous environnent, la république, sauf erreur, ne me paraît pas exécutable. La première difficulté serait d'amener les Français à un vote unanime. Quel droit la population de Paris aurait-elle de con-
traindre la population de Marseille ou de telle autre ville
de se constituer en république? Y aurait-il une seule république, ou vingt ou trente républiques? seraient-elles
fédératives ou indépendantes? Passons par dessus ces obs-
tacles; supposons une république unique : avec notre fa-
miliarité naturelle, croyez-vous qu'un président, quelque
grave, quelque respectable, quelque habile qu'il puisse
être, soit un an à la tête des affaires sans être tenté de se
retirer? Peu défendu par les lois et par les souvenirs, avili,
insulté soir et matin par des rivaux secrets et par des agens
de trouble, il n'inspirera aucune confiance au commerce
et à la propriété; il n'aura ni la dignité convenable pour
traiter avec les cabinets étrangers, ni la puissance nécessaire au maintien de l'ordre intérieur; s'il use de mesures
révolutionnaires, la république deviendra odieuse; l'Europe inquiète profitera de ces divisions, les fomentera, in-
terviendra, et l'on se trouvera de nouveau engagé dans
des luttes effroyables. La république représentative est
peut-être l'Etat futur du monde, mais son tems n'est pas
arrivé.

» Je passe à la monarchie.

» Un roi nommé par les chambres ou élu par le peuple
sera toujours, quoi qu'on fasse, une nouveauté. Or,
je suppose qu'on veut la liberté, surtout la liberté de la
presse par laquelle et pour laquelle le peuple vient de
remporter une étonnante victoire. Eh bien ! toute monarchie nouvelle sera forcée, ou plus tôt ou plus tard, de bâillon-
ner cette liberté. Napoléon lui-même a-t-il pu l'admettre?
Fille de nos malheurs et esclave de notre gloire, la liberté
de la presse ne vit en sûreté qu'avec un gouvernement
dont les racines sont déjà profondes. Une monarchie, bâ-
tarde d'une nuit sanglante, n'aurait-elle rien à redouter de
l'indépendance des opinions? Si ceux-ci peuvent prêcher la

république, ceux là un autre système, ne craignez-vous pas
d'être bientôt obligés de recourir à des lois d'exception,
malgré l'anathème contre la censure ajouté à l'art. 8 de la
Charte?

» Alors, amis de la liberté réglée, qu'aurez-vous gagné
au changement qu'on vous propose? Vous tomberez de
force dans la république, ou dans la servitude légale. La
monarchie sera débordée et emportée par le torrent des
lois démocratiques, ou le monarque par le mouvement des
factions.

» Dans le premier enivrement d'un succès, on se figure
que tout est aisé ; on espère satisfaire toutes les exigences,
toutes les humeurs, tous les intérêts; on se flatte que chacun mettra de côté ses vues personnelles et ses vanités; on
croit que la supériorité des lumières et la sagesse du gouvernement surmonteront des difficultés sans nombre; mais,
au bout de quelques mois, la pratique vient démentir la
théorie.

» Je ne vous présente, Messieurs, que quelques-uns des
inconvéniens attachés à la formation d'une république ou
d'une monarchie nouvelle. Si l'une et l'autre ont des périls,
il restait un troisième parti, et ce parti valait bien la peine
qu'on en eût dit quelques mots.

» D'affreux ministres ont souillé la Couronne, et ils ont
soutenu la violation de la loi par le meurtre ; ils se sont
joués des sermens faits au ciel, des lois jurées à la terre.

» Etrangers, qui deux fois êtes entrés à Paris sans résistance, sachez la vraie cause de vos succès : vous vous pré-
sentiez au nom du pouvoir légal. Si vous accouriez aujour-
d'hui au secours de la tyrannie, pensez-vous que les portes
de la capitale du monde civilisé s'ouvriraient aussi facilement devant vous? La race française a grandi, depuis votre
départ, sous le régime des lois constitutionnelles, nos enfans
de quatorze ans sont des géans; nos conscrits à Alger, nos
écoliers à Paris, viennent de vous révéler les fils des vainqueurs d'Austerlitz, de Marengo et d'Iéna, mais les fils for-
tifiés de tout ce que la liberté ajoute à la gloire.

» Jamais défense ne fut plus légitime et plus héroïque que
celle du peuple de Paris. Il ne s'est point soulevé contre la
loi, mais pour la loi; tant qu'on a respecté le pacte social,

le peuple est demeuré paisible; il a supporté, sans se plaindre, les insultes, les provocations, les menaces : il devait
son argent et son sang en échange de la Charte; il a pro-
digué l'un et l'autre.

» Mais lorsqu'après avoir menti jusqu' la dernière
heure, on a tout-à-coup sonné la servitude ; quand la
conspiration de la bêtise et de l'hypocrisie a soudainement
éclaté; quand une terreur de château organisée par des
eunuques, a cru pouvoir remplacer la terreur de la république et le joug de fer de l'empire, alors ce peuple s'est
armé de son intelligence et de son courage; il s'est trouvé
que ces *boutiquiers* respiraient assez facilement la fumée
de la poudre, et qu'il fallait plus de *quatre soldats et un ca-
poral* pour les réduire. Un siècle n'aurait pas autant mûri
les destinées d'un peuple que les trois derniers soleils qui
viennent de briller sur la France. Un grand crime a eu
lieu; il a produit l'énergique explosion d'un principe :
devait-on, à cause de ce crime et du triomphe moral et
politique qui en a été la suite, renverser l'ordre de choses
établi? Examinons :

» Charles X et son fils sont déchus ou ont abdiqué, comme
il vous plaira de l'entendre, mais le trône n'est pas vacant;
après eux venait un enfant; devait-on condamner son innocence?

» Quel sang crie aujourd'hui contre lui? Oseriez-vous
dire que c'est celui de son père? Cet orphelin élevé aux
écoles de la patrie dans l'amour du gouvernement consti-
tutionnel et dans les idées de son siècle, aurait pu devenir
un roi en rapport avec les besoins de l'avenir. C'est au
gardien de sa tutelle que l'on aurait fait jurer la déclaration
sur laquelle vous allez voter; arrivé à sa majorité, le jeune
monarque aurait renouvelé le serment. Le Roi présent, le
Roi actuel aurait été M. le duc d'Orléans, régent du
royaume, prince qui a vécu près du peuple, et qui sait que
la monarchie ne peut être aujourd'hui qu'une monarchie
de consentement et de raison. Cette combinaison naturelle
m'eût semblé un grand moyen de conciliation, et aurait
peut-être sauvé à la France ces agitations qui sont la conséquence des violens changemens d'un Etat.

» Dire que cet enfant, séparé de ses maîtres, n'aurait

pas le tems d'oublier jusqu'à leurs noms avant de devenir homme; dire qu'il demeurerait infatué de certains dogmes de naissance après une longue éducation populaire, après la terrible leçon qui a précipité deux rois en deux nuits : est-ce bien raisonnable?

» Ce n'est ni par un dévouement sentimental, ni par un attendrissement de nourrice transmis de maillot en maillot depuis le berceau de saint Louis jusqu'à celui du jeune Henri, que je plaide une cause où tout se tournerait de nouveau contre moi, si elle triomphait. Je ne vise ni au roman, ni à la chevalerie, ni au martyre. Je ne crois pas au droit divin de la royauté, et je crois à la puissance des révolutions et des faits. Je n'invoque pas même la Charte; je prends mes idées plus haut; je les tire de la sphère philosophique de l'époque où ma vie expire : je propose le duc de Bordeaux tout simplement comme une nécessité d'un meilleur aloi que celle dont on argumente.

» Je sais qu'en éloignant cet enfant, on veut établir le principe de la souveraineté du peuple; niaiserie de l'ancienne école qui prouve que, sous le rapport politique, nos vieux démocrates n'ont pas fait plus de progrès que les vétérans de la royauté. Il n'y a de souveraineté absolue nulle part; la liberté ne découle pas du droit politique, comme on le supposait au dix-huitième siècle; elle vient du droit naturel, ce qui fait qu'elle existe dans toutes les formes de gouvernement, et qu'une monarchie peut être libre et beaucoup plus libre qu'une république; mais ce n'est ni le tems ni le lieu de faire un cours de politique.

» Je me contenterai de remarquer que, lorsque le peuple a disposé des trônes, il a souvent aussi disposé de sa liberté; je ferai observer que le principe de l'hérédité monarchique, absurde au premier abord, a été reconnu, par l'usage, préférable au principe de la monarchie élective. Les raisons en sont si évidentes, que je n'ai pas besoin de les développer. Vous choisissez un roi aujourd'hui : qui vous empêchera d'en choisir un autre demain? La loi, direz-vous. La loi? Et c'est vous qui la faites!

» Il est encore une manière plus simple de trancher la question, c'est de dire : Nous ne voulons plus de la branche aîné des Bourbons. Et pourquoi n'en voulez-vous plus?

Parce que nous sommes victorieux ; nous avons triomphé dans une cause juste et sainte ; nous usons d'un double droit de conquête.

» Très-bien : vous proclamez la souveraineté de la force. Alors gardez soigneusement cette force, car si dans quelques mois elle vous échappe, vous serez mal venus à vous plaindre. Telle est la nature humaine ! Les esprits les plus éclairés et les plus justes ne s'élèvent pas toujours au-dessus d'un succès. Ils étaient les premiers, ces esprits, à invoquer le droit contre la violence ; ils appuyaient ce droit de toute la supériorité de leur talent, et au moment même où la vérité de ce qu'ils disaient est démontrée par l'abus le plus abominable de la force, et par le renversement de cette force, les vainqueurs s'emparent de l'arme qu'ils ont brisée! Dangereux tronçons qui blesseront leurs mains sans les servir.

» J'ai transporté le combat sur le terrain de mes adversaires ; je ne suis point allé bivouaquer dans le passé sous le vieux drapeau des morts, drapeau qui n'est pas sans gloire, mais qui pend le long du bâton qui le porte, parce qu'aucun souffle de la vie ne le soulève. Quand je remuerais la poussière des trente-cinq Capets, je n'en tirerais pas un argument qu'on voulût seulement écouter. L'idolâtrie d'un nom est abolie ; la monarchie n'est plus une religion, c'est une forme politique préférable dans ce moment à toute autre, parce qu'elle fait mieux entrer l'ordre dans la liberté.

» Inutile Cassandre, j'ai assez fatigué le trône et la patrie de mes avertissemens dédaignés ; il ne me reste qu'à m'asseoir sur les débris d'un naufrage que j'ai tant de fois prédit. Je reconnais au malheur toutes les sortes de puissance, excepté celle de me délier de mes sermens de fidélité. Je dois aussi rendre ma vie uniforme : après tout ce que j'ai fait, dit et écrit pour les Bourbons, je serais le dernier des misérables si je les reniais au moment où, pour la troisième et dernière fois, ils s'acheminent vers l'exil.

» Je laisse la peur à ces généreux royalistes qui n'ont jamais sacrifié une obole ou une place à leur loyauté, à ces champions de l'autel et du trône, qui naguères me

traitaient de renégat , d'apostat et de révolutionnaire.
Pieux libellistes , le renégat vous appelle! Venez donc
balbutier un mot, un seul mot avec lui pour l'infortuné
maître qui vous combla de ses dons et que vous avez
perdu. Provocateurs de coups d'Etat, prédicateurs du
pouvoir constituant, où êtes-vous ? Vous vous cachez
dans la boue du fond de laquelle vous leviez vaillamment
la tête pour calomnier les vrais serviteurs du Roi : votre
silence d'aujourd'hui est digne de votre langage d'hier.
Que tous ces preux dont les exploits projetés ont fait
chasser les descendans d'Henri IV à coups de fourches,
tremblent maintenant accroupis sous la cocarde trico-
lore : c'est tout naturel. Les nobles couleurs dont ils se
parent protégeront leur personne et ne couvriront pas
leur lâcheté.

» Au surplus, en m'exprimant avec franchise à cette
tribune, je ne crois pas du tout faire un acte d'héroïsme:
nous ne sommes plus dans ces tems où une opinion coûtait
la vie ; y fussions-nous, je parlerais cent fois plus haut. Le
meilleur bouclier est une poitrine qui ne craint pas de se
montrer découverte à l'ennemi. Non, Messieurs, nous
n'avons à craindre ni un peuple dont la raison égale le
courage, ni cette généreuse jeunesse que j'admire, avec
laquelle je sympathise de toutes les facultés de mon âme,
à laquelle je souhaite comme à mon pays, honneur, gloire
et liberté.

» Loin de moi surtout la pensée de jeter des semences
de division dans la France, et c'est pourquoi j'ai refusé à
mon discours l'accent des passions. Si j'avais la conviction
intime qu'un enfant doit être laissé dans les rangs obscurs
et heureux de la vie, pour assurer le repos de trente-trois
millions d'hommes, j'aurais regardé comme un crime toute
parole en contradiction avec le besoin des tems : je n'ai pas
cette conviction. Si j'avais le droit de disposer d'une couronne, je la mettrais volontiers aux pieds de Mgr. le duc
d'Orléans. Mais je ne vois de vacant qu'un tombeau à
Saint-Denis, et non pas un trône.

» Quelles que soient les destinées qui attendent M. le
Lieutenant-Général du Royaume, je ne serai jamais son
ennemi, s'il fait le bonheur de ma patrie. Je ne demande

à conserver que la liberté de ma conscience, et le droit d'aller mourir partout où je trouverai indépendance et repos.

» Je vote contre le projet de déclaration. »

Du 12 Août.

« M. le président,

» Elu député sous l'empire de circonstances qui n'existent plus, je croirais trahir mes sermens et transgresser les pouvoirs qui m'ont été confiés, si je prenais part aux délibérations de la chambre. Veuillez lui faire agréer ma démission.

» Je suis, etc.

» DE SYRIEYS, *député du Lot.* »

« M. le président,

» Les événemens survenus depuis ma nomination me faisant regarder mon mendat comme insuffisant, je vous prie de faire agréer à la chambre ma démission.

» J'ai, etc.

» LE MESRE, *député du Nord.* »

« M. le président,

» J'ai l'honneur de vous donner ma démission, et de vous prier de la faire agréer à la chambre.

» Je suis, etc.

» POTTEAU D'HANCARDERIE, *député du Nord.* »

« M. le président,

» Je prie la chambre de bien vouloir recevoir ma démission des fonctions de député.

» J'ai, etc.

» DE L'EPINE, *député du Nord.* »

Du 13 Août.

« *Paris*, 12 *août.*

» M. le président,

» Les événemens qui viennent de s'accomplir ayant changé les conditions sous lesquelles j'avais reçu mandat de mes commettans, je crois ne plus devoir exercer les fonctions de député du département de la Sarthe.

» Je vous prie en conséquence, Monsieur le président, de vouloir bien faire agréer à la chambre ma démission.

» J'ai l'honneur, etc.   LAMANDÉ. »

—————

« *Paris, le* 11 *août.*

» M. le président,

» Élu dans des circonstances et avec une mission qui n'existent plus, je ne crois pas pouvoir siéger à la chambre ; j'ai donc l'honneur de vous prier de vouloir bien lui faire agréer ma démission de député du département de la Sarthe.

» J'ai l'honneur, etc.   DE CHATEAUFORT. »

—————

« *Paris, le* 12 *août.*

» M. le président,

» Je n'ai pas reçu du peuple un mandat constituant, et je n'ai pas encore sa rectification. Placé entre ces deux extrémités, je suis absolument sans pouvoir pour faire un roi, une Charte, un serment.

» Je prie la chambre d'agréer ma démission. Puisse ma patrie être toujours glorieuse et libre !

CORMENIN.

—————

« *Paris, le* 12 *août.*

» M. le président,

» Ne pouvant au gré des circonstances étendre le mandat qui m'a été confié dans les limites posées par nos institutions, j'ai l'honneur de vous prévenir que je donne ma démission, et vous prie de vouloir bien la faire agréer à la chambre.

» J'ai l'honneur, etc.

» DU MAISNIEL, *député de la Somme.* »

———

« *Paris, le 12 août.*

» Monsieur le président,

» Honoré du choix de mes concitoyens pour venir défendre à la chambre l'intégrité de la Charte et des trois pouvoirs constitutifs de notre pacte social, je me trouve, aujourd'hui que des événemens, aussi rapides dans leur marche que graves par leurs conséquences, ont renversé l'ordre des choses existant en France, sans mandat suffisant pour continuer les fonctions qui m'étaient confiées.

» J'ai donc l'honneur de vous envoyer ma démission, vous priant de la faire connaître à la chambre, et les motifs qui m'y déterminent.

» Agréez, Monsieur, etc.

» Le comte DE VILLEMORGE. »

———

« *Paris, 12 août.*

» Monsieur le président,

» Nommé député dans des circonstances qui n'existent plus, je croirais déroger à mon mandat, si je prenais part aux délibérations de la chambre. Je vous prie de lui faire agréer ma démission.

» J'ai l'honneur d'être, etc.

» Vicomte RUINART DE BRIMONT. »

———

« *Paris, 12 août.*

» Monsieur le président,

» Arrivé aujourd'hui à Paris, je m'empresse d'avoir l'honneur de vous informer que ma conscience m'oblige à donner ma démission de député du Cantal ; je vous prie de la faire agréer à la chambre, et de l'assurer en même temps que je fais les vœux les plus ardens pour le bonheur des Français et pour la prospérité de notre chère patrie.

» J'ai l'honneur d'être, etc.

» Le baron Higonet. »

———

« *Paris, le* 12 *août.*

» Monsieur le président,

» Ne pouvant trouver dans le mandat que j'ai reçu en d'autres circonstances, les instructions qui me seraient nécessaires pour me diriger dans celles où nous nous trouvons, je donne ma démission.

» J'ai l'honneur d'être, etc.   » Béraud. »

Du 14 *Août.*

« Monsieur le président,

» Lorsque les électeurs du département du Tarn m'ont honoré de leur choix, ils étaient. ainsi que moi, loin de prévoir la situation actuelle de la chambre des députés, les objets de ses délibérations, ni les actes qui en ont été la suite. Ma conscience ne me permettant ni d'y coopérer ni de prêter un nouveau serment, je ne crois pas devoir différer davantage à lui déclarer que je renonce formellement à mon admission au nombre de ses membres.

» J'ai l'honneur, etc.   » Rey de Saint-Géry.

» Paris, le 13 août 1830. »

———

« Monsieur le président,

» Ayant été nommé pour la troisième fois, membre de la chambre des députés, pour y défendre la Charte contre toute agression, et m'étant touvé dans l'impossibilité de me rendre à l'ouverture de la session, où elle a éprouvé de si étonnans changemens, je crois mon mandat fini, et j'ai l'honneur de vous envoyer ma démission, que je vous prie de faire agréer à la chambre.

» J'ai l'honneur, etc.   » Cte DE LA POTHERIE.

» Ce 9 août 1830. »

« M. le président,

« Une santé altérée après 36 ans d'un service actif, et des sentimens profonds que ma raison a combattus sans pouvoir les vaincre, me forcent à prier la chambre d'accepter ma démission. En rentrant pour toujours dans la vie privée, je fais les vœux les plus ardens pour la gloire et la prospérité de mon pays, qui ont été l'objet constant de ma pensée pendant ma carrière administrative.

» Veuillez, etc.   Le comte DE CHABROL DE VOLVIC.

» Paris, le 11 août 1830. »

Du 15 Août.

« Monsieur le président,

» Elu député sous des institutions qui ont été modifiées depuis la réception de mon mandat, je regarde mes pouvoirs comme insuffisans. Je prie la chambre d'accepter ma démission.

» J'ai, etc.   » DUQUESNOY,
Député du Pas-de-Calais.»

« Monsieur le président,

« Les changemens survenus dans nos institutions ayant altéré dans son essence le mandat dont m'ont honoré les électeurs du département du Puy-de-Dôme, je ne saurais en conscience user de pouvoirs qu'ils n'ont pas cru me confier. Je donne en conséquence ma démission de député. Daigne le Ciel exaucer mes vœux et accorder plus de bonheur et de tranquillité à la France, ma chère patrie.

» J'ai, etc.   » PELISSIER DE FÉLIGONDE. »

« Monsieur le président,

» Les événemens qui viennent de s'accomplir ayant changé les conditions sous lesquelles j'avais reçu mandat de mes commettans, je ne crois pas devoir exercer les fonctions de député du Nord ; je vous prie de vouloir bien faire agréer à la chambre ma démission.

» Profondément attaché à notre belle patrie, je fais les vœux les plus ardens pour son bonheur.

» J'ai, etc.　　　　　» Durand d'Elecourt. »

Du 18 Août.

« Monsieur le président,

» J'apprends par les journaux qu'un nouveau serment est demandé aux députés de la chambre élective ; je me hâte de vous informer, qu'après avoir, au prix de mon sang et au péril de ma vie, gardé fidèlement le serment que j'avais juré à Charles X, il m'est impossible d'en prêter un autre.

» J'ai, etc.

» Vicomte de Curzay.

» Poitiers, le 14 août. »

« Monsieur le président,

» Je vous prie d'annoncer à la chambre que je donne ma démission de membre de la chambre des députés.

» J'ai, etc.

» Le marquis de Beausset,
» *Député des Bouches-du-Rhône.*

» Aix, ce 14 août. »

« Monsieur le président,

» J'admire ceux de mes honorables collègues qui ont défendu et qui défendront encore la monarchie au milieu des vicissitudes qu'elle vient d'éprouver. Mais il ne m'est pas donné de pouvoir suivre leurs traces.

» Les raisons de famille les plus impérieuses me retiennent dans mes foyers ; il serait trop long de les exposer à la chambre. Veuillez avoir la bonté, Monsieur, de leur faire agréer ma démission.

» Je suis, etc.

» Le chevalier DE CAQUERAY.
» *Député de Maine-et-Loire.*

» Lacontrie, ce 14 août. »

« Monsieur le président,

» Mes principes et le mandat que j'ai reçus de mes commettans ne me permettent pas de siéger à la chambre des députés ; je la prie de vouloir bien agréer ma démission.

» J'ai, etc.

» Le comte DE CHOISEUL DAILLECOURT,
» *Député de l'Orne.*

» Paris, ce 15 août. »

« Monsieur le président,

» Je prie la chambre de vouloir bien agréer ma démission de député.

» Je suis, etc.

» Le comte DE LAPEYRADE.

» Paris, le 13 août. »

« Monsieur le président,

» Les évènemens qui viennent d'avoir lieu, ayant changé la nature du mandat que j'ai reçu de mes commettans, je vous prie de recevoir ma démission de député de la Sarthe.

» Je suis, etc.

» Le comte COUTARD, *lieuten.-gén.*

» Dieppe, le 14 août. »

« Monsieur le président,

» Député, nommé par des électeurs qui avaient ainsi que moi prêté serment de maintenir la Charte constitu-

12

tionnelle, j'ai vainement cherché dans ce pacte fondamental, un article qui pût m'investir du droit de disposer de la couronne de France, ou de changer la constitution.

» La question ainsi clairement posée, ma conscience répond :

» Que je n'ai plus aucun mandat pour prendre part aux délibérations de la chambre que vous présidez.

» J'ai, etc.

» P. DE FONTENAY,
» *Député de Saône-et-Loire.*

» Paris, ce 16 août. »

« M. le président,

» Nommé membre de la chambre des députés sous l'empire de la Charte constitutionnelle; convaincu que mes concitoyens n'avaient ni la volonté ni le droit de me conférer d'autres pouvoirs que ceux qui m'étaient accordés par cette Charte, je regarde comme un devoir imposé par ma conscience de donner ma démission.

» J'ai l'honneur, etc.,

» DU MARALLACH, *député du Finistère.*

» Paris, ce 18 août 1830. »

« Monsieur le président,

» Elu député sous l'empire de la Charte de Louis XVIII et sous le règne de Charles X, je n'avais mandat que pour maintenir intactes les institutions déjà existantes, ou pour contribuer à leur donner légalement le développement dont elles étaient susceptibles.

» Maintenant que je me trouve placé entre la nécessité d'adhérer aux décisions prises jusqu'à ce jour par la chambre ou de me démettre de mes fonctions de député, je crois de mon devoir et de ma conscience de prendre ce dernier parti.

» Je vous prie en conséquence, M. le président, de vouloir bien faire agréer ma démission à la chambre, en l'assurant que, rendu à la vie privée, je ne cesserai de faire des vœux pour le repos et le bonheur de mon pays.

» J'ai l'honneur, etc.,

» BRIANT DE LAUBRIÈRE, *député du Finistère.* »

Du 22 *Août.*

« *Paris*, 11 *août* 1830.

» M. le président,

» Pair de France, il ne m'est plus permis de garder le silence sur les motifs qui me déterminèrent à ne point prendre part aux travaux de la noble chambre. Veuillez, M. le président, me faire l'honneur d'être mon interprète auprès d'elle.

» Deux grands devoirs se présentent ici à remplir. Je dois d'abord m'associer par toutes mes affections et j'oscrais dire par mes souvenirs héréditaires, à la plus éclatante des adversités.

» Ambassadeur de France, depuis seize ans, près des grandes cours de l'Europe, je viens, pour la dernière fois, de baiser la main du prince qui, ainsi que son auguste frère, m'avait revêtu de ce haut caractère. Tant que mon cœur battra dans ma poitrine, je me ferai honneur et gloire de respecter, d'aimer de toutes les forces de mon amour et de ma reconnaissance, les trois générations des rois qui s'avancent si péniblement vers l'exil.

» Un devoir, non moins sacré, envers la patrie, réclame aussi mon dévouement. Ainsi que le noble pair, qui s'est exprimé hier avec des accens de vérité si pénétrans, que vos ames en ont été toutes troublées et convaincues, je déclarerai que les principes de la Charte de Louis XVIII, de glorieuse mémoire, sont entrés dans mon cœur, pour y vivre à jamais, sans aucune réserve et restriction. Retenu hors de France par mes fonctions diplomatiques, jamais une seule de mes paroles, un seul de mes écrits n'a démenti la sincérité de cette profession de foi politique.

» L'étonnante prospérité de la belle nation avec laquelle, il y a encore si peu de jours, j'étais chargé d'entretenir des relations d'amitié, ne brille d'autant de puissance et de splendeur que par l'admirable accord entre les droits du trône et les droits des peuples. Ce grand spectacle, sans doute, n'a pu affaiblir mes convictions.

» Cependant, en adhérant aux principes qui ont été proclamés hier par mes nobles amis, ma conduite ne sera pas conforme à la leur.

» Je ne saurais me résoudre à délibérer avec mes collé-gues, ni avec moi-même, sur un nouveau serment dont ma vieille fidélité doit s'alarmer, surtout lorsque les pas chancelans de Charles X et de sa famille foulent encore le sol de la France.

» Ce n'est pas de l'opposition, c'est de l'honneur : l'honneur est ce qu'il y a de plus Français ; c'est la conséquence de mon nom, la suite de toute ma vie. Ce n'est point une impuissante résistance à un système qui paraît aujourd'hui la seule ressource de la France, dans le naufrage dont la monarchie a été menacée. Ce n'est enfin qu'un juste sentiment de vénération pour le malheur, et d'amour pour une race royale que je croyais devoir servir jusqu'à l'épuisement de mes forces, je demande au temps et à la retraite de m'éclairer de leur conseil.

» Agréez, M. le président, etc.

« MONTMORENCY-LAVAL. »

« Monsieur le président,

»Je lis dans la *Partie officielle* du *Moniteur* du 10 de ce mois, que les pairs de France sont appelés à se réunir le même jour, pour prêter individuellement le serment de fidélité au Roi, à la Charte constitutionnelle et aux lois du royaume.

»J'ai été nommé pair, en 1814, par Sa Majesté Louis XVIII; je lui ai prêté ce même serment, en y ajoutant ces mots : conduire comme un bon et loyal pair de France; je l'ai prêté à S. M. le roi Charles X, son successeur, et en le prêtant également à la Charte constitutionnelle et aux lois du royaume; j'ai juré fidélité à leur dynastie; j'ai renouvelé plusieurs fois ce même serment comme électeur; je l'ai renouvelé en ce qui touche la fidélité au Roi, comme chevalier de Saint-Louis et comme chevalier des Ordres du Roi.

» La charte modifiée, et particulièrement dans ce qu'elle

a de plus solennel et de plus sacré, l'ordre et le droit de
successibilité au trône, me prescrit de refuser formellement
de prêter le serment demandé aujourd'hui aux pairs de
France, parce qu'il est dans une manifeste contradiction avec mes premiers sermens, avec mes principes et les
sentimens que je dois, plus que jamais, à d'augustes infortunes.

» J'ai l'honneur de vous prier, M. le président, de vouloir bien donner connaissance de cette lettre à la chambre
des pairs, qui y trouvera l'expression d'un dernier hommage, et qui aura la bonté, j'espère, d'en ordonner la
mention au procès-verbal de ses séances.

» J'ai l'honneur de vous offrir, M. le président, l'assurance de ma haute considération,

« Marquis VICTOR DE LATOUR-MAUBOURG. »

« Saint André-de-Cubzac, le 14 août 1830.

» M. le chancelier,

» J'ai l'honneur de vous prier de vouloir bien faire connaître officiellement à la chambre des pairs que ma conscience et ma raison se refusent également à admettre la
vacance du trône dans la personne de monseigneur le duc
de Bordeaux, et qu'en conséquence je ne prêterai pas le
serment qu'on me demande, parce qu'il est directement
contraire à celui que j'ai déjà prêté.

» J'ai l'honneur d'être, avec une haute considération,
M. le chancelier,
Votre très-humble et très-obéissant serviteur,

« LATOUR-DUPIN.

« Ce 15 août 1830, au château d'Havré, par
Mons (royaume des Pays-Bas).

» M. le baron,

» Retenu chez moi à la campagne par des infirmités insé-
parables de mon âge, je n'ai pu me rendre à la séance de
la chambre des pairs du 7 août.

» J'ai lu, dans le *Moniteur* du 10, que MM. les pairs étaient appelés à prêter un nouveau serment. Il est en contradiction manifeste avec la loi fondamentale du royaume, sur l'ordre et le droit de successibilité au trône ; il est également avec celui que j'ai prêté pour la première fois, il y a soixante-dix ans, à S. M. Louis XV, et que j'ai renouvelé depuis, en plusieurs occasions, entre les mains de ses successeurs LL. MM. Louis XVI, Louis XVIII et Charles X.

» Ma conscience, ma fidélité à mes augustes souverains, auxquels j'ai eu le bonheur de consacrer ma vie toute entière, le profond attachement que je leur ai voué, et que leur malheur augmenterait encore, s'il était possible, m'imposent la loi de ne pas prêter le serment demandé aujourd'hui à MM. les pairs.

» J'ai l'honneur de vous prier, M. le baron, de leur donner connaissance de cette lettre, et de leur demander de la faire insérer au procès-verbal de leur séance.

» J'ai l'honneur d'être, avec une haute considération,
M. le baron,
Votre très-humble et très-obéissant serviteur,
« Le duc d'Havré de Croï. »

Du 24 Août.

« Monsieur le président,

» N'ayant pu être à Paris au moment de tous les événemens qui viennent d'avoir lieu, j'ai attendu avec impatience de connaître par le *Moniteur*, la résolution de la chambre des Pairs ; enfin, les séances du 7 et du 10 août dernier me sont connues, mon devoir de bon et loyal pair de France est tracé.

» J'adhère aux principes émis par M. le vicomte de Châteaubriand dans la presque totalité de son noble discours prononcé dans la séance du 7 août, et je me retire par les motifs énoncés dans la séance du 10 août par M. le vicomte d'Ambray.

« Veuillez, Monsieur le président, faire part de ma

lettre toute entière à la chambre assemblée , et recevoir l'expression de mes sentimens ,

> « Votre très-humble et très-obéissant serviteur ,
> »Marquis DE PÉRIGNON. »

« Monsieur le président,

« Dans la séance du 7 août , j'ai eu l'honneur de déclarer à la chambre que si le principe de la légitimité n'était point consacré , je n'avais pas le droit de participer à ses délibérations ; veuillez lui faire connaître que je refuse solennellement le serment que dans une de ses dernières séances , la chambre a prescrit à ses membres.

» Ce refus m'est commandé à la fois par mes principes politiques , par le souvenir de mes anciens sermens , et par le respect que je dois au malheur.

« J'ai l'honneur d'être , etc.

> »LE VICOMTE FÉLIX DE CONNY,
> *Député de l'Allier.*

«Paris , 21 août 1830. »

« Monsieur le président ,

» Les événemens qui viennent d'avoir lieu , ayant changé le mandat que j'ai reçu de mes commettans , mes principes ne me permettent pas d'adhérer aux décisions prises jusqu'à ce jour , par la chambre des députés , je vous prie de vouloir bien lui faire agréer ma démission.

» J'ai l'honneur , etc.

> » DE BOMMARCHANT, *député du Jura.*

«Paris , le 23 août. »

« Monsieur le président ,

» La chambre ayant écarté le principe de la légitimité , mon devoir et ma conscience me défendent de prendre part à ses délibérations. Les sentimens que je vous exprime ent été développés par M. de Conny, mon honorable collègue, avec autant de noblesse que de courage. Ses opinions sont les miennes, et, bien que mon admission soit encore ajournée, je viens vous prier de faire agréer ma démission.

» J'ai l'honneur, etc.

» LE COBGNE DE BOURBRY, *député élu par l'arrondissement de St.-Brieux, Côtes-du-Nord.*

» Saint-Brieux, 17 août 1830. »

Du 28 Août.

« Monsieur le président,

» J'ai été nommé membre de la chambre des députés par le premier arrondissement électoral de l'Ardèche, sous l'empire d'une Charte à laquelle par conviction j'ai juré obéissance, comme au seul moyen possible d'ordre et de stabilité.

» Loyalement investi d'un mandat que je n'ai point sollicité, je l'ai reçu pour affermir et consolider nos institutions.

» Elles n'existent plus. Dès-lors ma conscience et ma raison se refusent tout-à-fait à le croire suffisant pour siéger aujourd'hui à la chambre.

» Mon devoir est donc de ne point prendre part à ses délibérations.

» Simple citoyen, mes vœux seront, comme ils l'ont toujours été, pour le bonheur, la paix et la prospérité de mon pays.

» Veuillez faire part à la chambre de ma détermination.

» J'ai l'honneur, etc.

» Le marquis DE BERNIS. »

« M. le président,

» Une infirmité qui en 1827 me força à quitter mes fonctions à la cour de Besançon, s'est aggravée durant l'été à tel point, que ma santé affaiblie me refuse toute possibilité de remplir le mandat dont j'ai été honoré par la bienveillance de mes compatriotes.

»Je prie la chambre d'agréer ma démission et suis avec un profond respect, etc.

» Droz, *élu par le collège départemental du Doubs.*

» Le 22 août. »

« Monsieur le président,

»Les évènemens survenus depuis ma nomination me font regarder mon mandat comme insuffisant. Je crois donc devoir donner ma démission, et je vous prie de vouloir bien la faire agréer à la chambre.

»Recevez l'assurance de la considération avec laquelle j'ai l'honneur d'être, etc.

» C. de Gibon, *député du 4ᵉ arrondissement d'Ille-et-Vilaine.*

»Paris, 23 août 1830.»

« Monsieur le président,

» Vous ayant envoyé ma démission le 21 de ce mois, et ne voyant pas qu'il en ait été donné connaissance à la chambre, j'ai lieu de croire qu'elle ne vous est pas parvenue. Je me détermine en conséquence à vous l'adresser de nouveau.

»Revêtu des honorables fonctions de député sous l'empire de la Charte, mes intentions et mon devoir étaient de concourir au maintien de l'ordre de choses qu'elle avait consacré; maintenant qu'il n'existe plus, je ne puis ni ne veux participer en rien aux actes du pouvoir arbitraire que la chambre s'est attribué, et je vous prie de lui faire agréer ma démission.

„»J'ai l'honneur, etc.

» De Saint-George, *député du Morbihan.*

» Paris, le 25 août. »

Du 21 août.

«Monsieur le président ,

» Revêtu pour la seconde fois des honorables fonctions de député, sous l'empire de la Charte, je ne me croyais appelé à voter que sur des lois en harmonie avec cet acte fondamental de la monarchie constitutionnelle.

» Maintenant cet ordre de choses a cessé d'exister, et dans ma manière de voir, je ne puis ni ne dois participer en rien aux actes du pouvoir exorbitant que la chambre s'est attribué ; je vous prie donc de lui faire agréer ma démission.

» J'ai l'honneur, etc.

» DE SAINT-GEORGE. »

Du 31 Août.

« M. le président,

» Nommé député dans le département du Finistère sous l'empire d'une Charte qui n'existe plus, je croirais ne pas remplir les intentions de ceux qui m'ont donné leurs suffrages en prenant part aux délibérations de la chambre. Je vous prie donc, Monsieur le président, de lui faire agréer ma démission.

» J'ai l'honneur, etc.

» DE GUERNISAC. »

***

M. le président. M. le duc Damas-Creux écrit qu'il ne se croit pas autorisé à prêter le serment demandé.

MM. le comte de Kergorlay et le marquis de Vibraye refusent de prêter le serment demandé.

MM. le duc d'Uzès, le marquis de la Suze , le duc de Narbonne écrivent qu'ils refusent le serment demandé.

« M. le président,

» La détermination grave déjà prise par la chambre des députés étant une contradiction manifeste avec le mandat que j'ai reçu de mes commettans, je dois à ceux-ci , comme je me dois à moi-même, de m'abstenir dans ces circonstances de participer à aucune délibération de la chambre. Veuillez l'en instruire. Je fais des vœux aussi ardens que sincères pour le bonheur de ma chère patrie , sa tranquillité , sa gloire et le bonheur de tous mes compatriotes, sans distinction.

» De Saint-Félix ,
» Député de la Haute-Garonne. »

« M. le président ,

» Au moment d'être privé par la force d'un mandat dont je ne me démets pas parce que je le tiens de la confiance de mes commettans, je me dois d'étabblir mes principes d'une manière nette. La chambre est violemment sortie de toutes les règles en intervertissant l'ordre de successibilité au trône ; elle répond devant la France de tous les malheurs qui en résulteront.

» En ma qualité de député , je proteste contre un acte dont le moindre vice est l'illégalité , en m'abstenant de voter, en refusant un serment qu'on ne peut prêter sans être parjure.

» De Lur Saluces ,
» Député de la Gironde. »

« Monsieur le président,

» Je ne me suis jamais reconnu le droit de prononcer sur la vacance du trône qui n'a jamais été vacant. Je ne me suis pas davantage reconnu celui de priver dè ses droits un seul pair de France. Je ne puis m'associer à ces actes, en prêtant un nouveau serment, auquel d'ailleurs ma conscience et mes sentimens se refusent.

» M. le marquis de Vibraye, pair de France.

» 27 septembre 1830. »

« Pour pouvoir prêter un nouveau serment, Monsieur, il me faudrait être délié de celui qu'en qualité de pair de France, de membre de conseil d'arrondissement et d'électeur, j'ai prêté à S. M. Charles X. Ce serment, les malheurs de mon Roi ne me le rendent que plus sacré; son abdication ne saurait me lier à nul autre qu'à son légitime successeur.

» M. le marquis AIMAR DE DAMPIERRE. »

«En jurant comme pair de France fidélité à mes souverains légitimes, je savais que je contractais des devoirs proportionnés à la haute dignité dont il avoit plu au Roi de me revêtir...... Mais le pouvoir de mes princes a disparu, et les honneurs dont il était la source n'ont plus de valeur à mes yeux.........

» Résigné à tout ce qu'il plaira à la Providence d'ordonner de moi et de tout ce qui m'est cher ici-bas, je refuse, de toutes les forces de mon âme et de ma conviction, le serment qui m'est demandé.

« Le comte de SAINT-ROMAN, *pair de France.*

» 8 septembre. »

« M. le président,

» Ayant reçu le mandat de député sous des conditions qui n'existent plus, je prie la chambre de vouloir bien recevoir ma démission.

» J'ai l'honneur d'être, etc.

» Le vicomte de CASTELJA, *député de la Somme.*

«Paris, le 8 août. »

PARIS. IMPRIMERIE DE BÉTHUNE,
rue Palatine, n 5.

www.ingramcontent.com/pod-product-compliance
Ingram Content Group UK Ltd.
Pitfield, Milton Keynes, MK11 3LW, UK
UKHW022040170726
13837UKWH00002B/706